Bucătăria Tainică a Dulciurilor

Rețete Magice pentru Torturi și Prajituri

Andrei Dumitrescu

Cuprins

Inel de gătit cu miere 11
Scones Granola 12
Scones cu portocale și stafide 13
fursecuri cu pere 14
Patiserie cu cartofi 15
scones cu stafide 16
Scones de melasa 17
Scones cu melasa si ghimbir 18
Sultana Scones 19
scones de melasa intregi 20
scones cu iaurt 21
scones cu brânză 22
Scones cu ierburi întregi 23
Scones cu salam și brânză 24
Scones întregi 25
Barbadian Conkies 26
Fursecuri de Crăciun la cuptor 27
prăjituri de mălai 28
Cookie-uri 29
Gogoși 30
gogoși de cartofi 31
Pâine naan 32
Bannocks de ovăz 33
pichete 34
Scones cu picătură ușoară 35

Scones de arțar și lemn dulce 36

Prăgărițe 37

Scones cu brânză la grătar 38

Clatite Scotch Speciale 39

Clătite scoțiene cu fructe 40

Clatite scoțiene cu portocale 41

cântând bardoc 42

plăcinte galeze 43

Clatite galeze 44

Pâine de porumb cu ierburi mexicane 45

Pâine plată suedeză 46

Pâine de secară și porumb dulce la abur 47

Pâine cu porumb dulce la abur 48

chapatis întregi 49

Puris integral 50

Fursecuri cu migdale 51

Bucle de migdale 52

inele de migdale 53

Crăpături de migdale mediteraneene 54

Prajituri cu migdale si ciocolata 55

Fursecuri Amish cu fructe și nuci 56

Fursecuri cu anason 57

Fursecuri cu banane, ovăz și suc de portocale 58

Cookie-uri de bază 59

Prajituri crocante de tarate 60

Prajituri cu tarate de susan 61

Fursecuri de coniac cu chimen 62

rachiu se sparge 63

Prajituri cu unt 64

Biscuiți cu unt 65

fursecuri cu caramel 66

Biscuiti cu morcovi si nuci 67

Biscuiti cu morcovi si nuci cu topping de portocale 68

fursecuri cu cireșe 70

Inele de cireșe și migdale 71

prăjituri cu unt de ciocolată 72

Rulouri de ciocolată și cireșe 73

Prăjituri cu ciocolată 74

Prajituri cu ciocolata si banane 75

Gustări cu ciocolată și nuci 76

Biscuiți americani cu ciocolată 77

Creme de ciocolata 78

Biscuiti cu fulgi de ciocolata si alune 79

Prajituri cu ciocolata si nucsoara 80

Fursecuri acoperite cu ciocolata 81

Prajituri cu cafea si sandvici de ciocolata 82

prajituri de Craciun 84

Fursecuri cu nucă de cocos 86

Prajituri de porumb cu crema de fructe 87

Biscuiți din Cornish 89

Prajituri cu fructe de padure intregi 90

Prajituri de tip sandwich cu curmale 91

Biscuiti digestivi (Biscuiti Graham) 92

Prajituri de Paste 93

florentini 94

florentini de ciocolată 95

Florentini de ciocolată de lux 96

Biscuiți cu nuci fudge 97

Fursecuri germane cu inghetata 98

ghimbir 99

Biscuiti cu ghimbir 100

Gingerbreat Men 101

Fursecuri din turtă dulce din grâu integral 102

Biscuiti cu ghimbir si orez 103

prăjituri aurii 104

Fursecuri cu alune 105

Prajituri crocante cu alune 106

Fursecuri cu alune si migdale 107

fursecuri cu miere 108

ratafie de miere 109

Biscuiți cu miere și zară 110

prăjituri cu unt de lămâie 111

fursecuri cu lamaie 112

momente fierbinți 113

Fursecuri cu musli 114

Biscuiti cu nuci 115

Biscuiți crocanți cu nuci 116

Biscuiți crocanți cu nuci și scorțișoară 117

Mousse de căpșuni Gâteau 118

Jurnal de Crăciun 120

Tort cu glugă de Paște 122

Tort Simnel de Paste 124

Tort de noapte a 12-a 126

Plăcintă cu mere la cuptorul cu microunde 127

Plăcintă cu sos de mere la cuptorul cu microunde 128

Plăcintă cu mere și nuci la microunde 129

Tort cu morcovi la microunde 130

Prăjitură cu morcovi, ananas și nuci la cuptorul cu microunde 131

Prajituri de tarate condimentate la cuptorul cu microunde 133

Plăcintă cu banane și fructe ale pasiunii la microunde 134

Cheesecake cu portocale la microunde 135

Cheesecake cu ananas la microunde 137

Pâine la microunde cu cireșe și nuci 138

Prajitura de ciocolata la microunde 139

Tort cu migdale cu ciocolata la microunde 140

Brownies dublu de ciocolată pentru cuptorul cu microunde 142

batoane de ciocolată sigure pentru microunde 143

Cuburi de ciocolată la cuptorul cu microunde 144

Tort rapid cu cafea la cuptorul cu microunde 145

Tort de Crăciun la cuptorul cu microunde 146

Tort cu firimituri la microunde 148

date bare cuptor cu microunde 149

Pâine cu smochine la microunde 150

Flapjacks cuptor cu microunde 151

Prajitura cu fructe la cuptorul cu microunde 152

Pătrate cu fructe și nucă de cocos la microunde 153

Tort Fudge la cuptorul cu microunde 154

Pâine cu miere la microunde 155

Batoane de turtă dulce la cuptorul cu microunde 156

Tort auriu la cuptorul cu microunde 157

Prajitura cu miere si alune la microunde 158

Batoane granola pentru microunde 159

Tort cu nuci la microunde 160

Tort cu suc de portocale la microunde 161

pavlova la microunde 162

prăjitură la microunde 163

Plăcintă cu căpșuni la microunde 164

Pandișpan în cuptorul cu microunde 165

Baruri Sultana pentru cuptorul cu microunde 166

Biscuiți cu ciocolată la cuptorul cu microunde 167

Biscuiți cu nucă de cocos la cuptorul cu microunde 168

Florentine la cuptorul cu microunde 169

Biscuiți cu alune și cireșe la cuptorul cu microunde 170

Biscuiți pentru cuptorul cu microunde Sultana 171

Pâine cu banane la microunde 172

Pâine cu brânză la microunde 173

Pâine cu nuci la microunde 174

Tort Amaretti necoapt 175

Fâșii de orez crocant american 176

pătrate de caise 177

Tort elvețian cu caise 178

Prajituri de biscuiti sparte 179

Tort cu zară necoaptă 180

felie de castane 181

Biscuit cu castane 182

Batoane de ciocolată și migdale 184

Tort crocant de ciocolata 185

Patratele de pesmet de ciocolata 186

Tort cu inghetata de ciocolata 187

Prajitura cu ciocolata si fructe 188

Patrate de ciocolata si ghimbir 189

Patrate de lux de ciocolata si ghimbir 190

Biscuiti cu miere de ciocolata 191

Tort cu straturi de ciocolata 192

batoane bune de ciocolata 193

Praline de ciocolată 194

Crocante de nucă de cocos 195

Batoane crunch 196

Crunch cu nucă de cocos și stafide 197

Cuburi de cafea cu lapte 198

Tort cu fructe necoapte 199

Pătrate cu fructe 200

Fructele și fibrele trosnesc 201

Tort cu strat de nougat 202

Patratele de lapte si nucsoara 203

crunch de granola 205

Pătrate de mousse de portocale 206

pătrate de arahide 207

Prajituri cu caramel cu menta 208

Biscuiți de orez 209

Toffette de orez și ciocolată 210

pasta de migdale 211

Pasta de migdale fara zahar 212

glazură regală 213

glazura fara zahar 214

glazura de fondant 215

Acoperire cu unt 216

Înveliş de ciocolată pentru produse de patiserie 217

Topping cu unt de ciocolată albă 218

Capac cu unt de cafea 219

Inel de gătit cu miere

Face un inel de 20 cm / 8 cm

Pentru masa:

100 g / 4 oz / ½ cană unt sau margarină

350 g / 12 oz / 3 căni de făină auto-crescătoare

Puțină sare

1 ou

150 ml / ¼ pt / 2/3 cană lapte

Pentru umplutura:

100 g / 4 oz / ½ cană unt sau margarină, înmuiată

60 ml / 4 linguri miere limpede

15 ml/1 lingura zahar demerara

Pentru a face aluatul, frecați untul sau margarina în făină și sare până când amestecul seamănă cu pesmet. Bateți oul și laptele împreună și amestecați în amestecul de făină suficient pentru a obține un aluat moale. Se intinde pe o suprafata usor infainata intr-un patrat de 30 cm/12.

Pentru umplutură, bateți untul sau margarina și mierea. Rezervați 15 ml/1 lingură din amestec și întindeți restul peste aluat. Rulați ca un rulou elvețian (gelatină) și tăiați în opt felii. Aranjați feliile într-o formă de tort de 20 cm/8 (tavă de copt), șapte pe margine și una în centru. Ungeți amestecul de miere rezervat și stropiți cu zahăr. Coaceți scone (biscuiții) într-un cuptor preîncălzit la 190°C / 375°F / marca de gaz 5 timp de 30 de minute până când devine maro auriu. Lăsați să se răcească în tavă timp de 10 minute înainte de a transfera pe un grătar pentru a se răci.

Scones Granola

Face 8 felii

100 g / 4 oz / 1 cană de muesli

150 ml / ¼ pt / 2/3 cană apă

50 g / 2 oz / ¼ cană unt sau margarină

100 g / 4 oz / 1 cană făină simplă (universal) sau făină integrală (grâu integral)

10 ml / 2 linguri praf de copt

50 g / 2 oz / 1/3 cană stafide

1 ou bătut

Înmuiați muesli în apă timp de 30 de minute. Frecați untul sau garina de mare în făină și drojdie până când amestecul seamănă cu pesmet, adăugați stafidele și musli înmuiat și amestecați într-un aluat moale. Formați o formă rotundă de 20 cm/8 inchi și întindeți-o pe o tavă de copt unsă (biscuiți). Tăiați parțial în opt bucăți și ungeți cu ou bătut. Coaceți într-un cuptor preîncălzit la 230°C / 450°F / marcajul de gaz 8 timp de aproximativ 20 de minute până când se rumenesc.

Scones cu portocale și stafide

face 12

50 g / 2 oz / ¼ cană unt sau margarină

225 g / 8 uncii / 2 căni de făină (universal)

2,5 ml / ½ linguriță bicarbonat de sodiu (bicarbonat de sodiu)

100 g / 4 oz / 2/3 cană stafide

5 ml/1 lingurita coaja de portocala rasa

60 ml / 4 linguri suc de portocale

60 ml / 4 linguri de lapte

lapte pentru smalt

Ungeți untul sau margarina cu făina și praful de copt și adăugați stafidele și coaja de portocală. Adaugati sucul de portocale si laptele pana obtineti un aluat moale. Întindeți pe o suprafață ușor înfăinată până la aproximativ 1 inch grosime și tăiați rondele cu un tăietor de prăjituri. Puneți scones (biscuiții) pe o tavă unsă cu uns și ungeți cu lapte. Coaceți în cuptorul preîncălzit la 200°C/400°F/marca de gaz 6 timp de 15 minute până se rumenesc ușor.

fursecuri cu pere

face 12

50 g / 2 oz / ¼ cană unt sau margarină

225 g / 8 uncii / 2 căni de făină auto-crescătoare (cu drojdie)

25 g / 1 oz / 2 linguri zahăr granulat (superfin)

1 para fermă, decojită, fără miez și tăiată în bucăți

150 ml / ¼ pt / 2/3 cană iaurt

30 ml / 2 linguri de lapte

Frecați untul sau margarina în făină. Adăugați zahărul și perele și amestecați iaurtul într-un aluat neted, adăugând puțin lapte dacă este necesar. Întindeți pe o suprafață ușor înfăinată până la aproximativ 1 inch grosime și tăiați rondele cu un tăietor de prăjituri. Puneți scones (biscuiții) pe o tavă unsă cu unsoare (biscuiți) și coaceți în cuptorul preîncălzit la 230°C / 450°F / gaz mark 8 timp de 10-15 minute pana când crește și auriu.

Patiserie cu cartofi

face 12

50 g / 2 oz / ¼ cană unt sau margarină

225 g / 8 uncii / 2 căni de făină auto-crescătoare (cu drojdie)

Puțină sare

175 g / 6 oz / ¾ cană piure de cartofi fierte

60 ml / 4 linguri de lapte

Amestecați untul sau margarina cu făina și sarea. Adăugați piureul de cartofi și suficient lapte pentru a face un aluat moale. Întindeți pe o suprafață ușor înfăinată până la aproximativ 1 inch grosime și tăiați rondele cu un tăietor de prăjituri. Puneți scones (biscuiții) pe o tavă de copt unsă ușor (biscuiți) și coaceți în cuptorul preîncălzit la 200°C / 400°F / marca gaz 6 timp de 15-20 minute până se rumenesc ușor.

scones cu stafide

face 12

75 g / 3 uncii / ½ cană stafide

225 g / 8 uncii / 2 căni de făină (universal)

2,5 ml / ½ linguriță sare

15 ml/1 lingura praf de copt

25 g / 1 oz / 2 linguri zahăr granulat (superfin)

50 g / 2 oz / ¼ cană unt sau margarină

120 ml / 4 fl oz / ½ cană smântână simplă (ușoară)

1 ou bătut

Stafidele se pun la inmuiat in apa fierbinte timp de 30 de minute si se scurg. Se amestecă ingredientele uscate și se întinde cu unt sau margarină. Adaugam smantana si oul pana obtinem un aluat moale. Împărțiți în trei bile, întindeți-le la aproximativ 1 cm/½ grosime și puneți-le pe o tavă unsă cu unt. Tăiați fiecare în sferturi. Coaceți scones (biscuiții) într-un cuptor preîncălzit la 230°C / 450°F / marca de gaz 8 timp de aproximativ 10 minute până când se rumenesc.

Scones de melasa

face 10

225 g / 8 uncii / 2 căni de făină (universal)

10 ml / 2 linguri praf de copt

2,5 ml / ½ linguriță de scorțișoară măcinată

50 g / 2 oz / ¼ cană unt sau margarină, tăiate cubulețe

25 g / 1 oz / 2 linguri zahăr granulat (superfin)

30 ml / 2 linguri melasă blackstrap

150 ml / ¼ pt / 2/3 cană lapte

Se amestecă făina, praful de copt și scorțișoara. Bateți untul sau margarina și adăugați zahărul, melasa și suficient lapte pentru a face un aluat moale. Întindeți până la 1 cm / ½ grosime și tăiați 5 cm / 2 felii cu un tăietor de prăjituri. Puneți scones (biscuiții) pe o tavă unsă cu uns și coaceți în cuptorul preîncălzit la 220°C / 425°F / gaz mark 7 timp de 10-15 minute, până când se ridică bine și se rumenesc.

Scones cu melasa si ghimbir

face 12

400 g / 14 uncii / 3½ căni de făină (universal)

50 g / 2 uncii / ½ cană făină de orez

5 ml / 1 linguriță praf de copt (praf de copt)

2,5 ml / ½ lingurita crema de tartru

10 ml / 2 lingurițe pudră de ghimbir

2,5 ml / ½ linguriță sare

10 ml / 2 linguri de zahăr tos (superfin)

50 g / 2 oz / ¼ cană unt sau margarină

30 ml / 2 linguri melasă blackstrap

300 ml / ½ pt / 1¼ cani de lapte

Se amestecă ingredientele uscate. Frecați untul sau margarina până când amestecul seamănă cu pesmet. Amestecați melasa și suficient lapte pentru a forma un aluat moale, dar nu lipicios. Se framanta usor pe o suprafata usor infainata, se intinde si se taie felii cu un taietor de biscuiti de 3 inch / 3. Se aseaza scones (prajiturile) pe o tava de copt unsa si se unge cu laptele ramas. Coaceți în cuptorul preîncălzit la 220°C/425°F/gaz 7 timp de 15 minute până când crește și devine maro auriu.

Sultana Scones

face 12

225 g / 8 uncii / 2 căni de făină (universal)

Puțină sare

2,5 ml / ½ linguriță bicarbonat de sodiu (bicarbonat de sodiu)

2,5 ml / ½ lingurita crema de tartru

50 g / 2 oz / ¼ cană unt sau margarină

25 g / 1 oz / 2 linguri zahăr granulat (superfin)

50 g / 2 oz / 1/3 cană sultane (stafide aurii)

7,5 ml / ½ lingură suc de lămâie

150 ml / ¼ pt / 2/3 cană lapte

Se amestecă făina, sarea, bicarbonatul de sodiu și crema de tartru. Frecați untul sau margarina până când amestecul seamănă cu pesmet. Adăugați zahărul și sultanele. Amestecați sucul de lămâie cu laptele și amestecați treptat ingredientele uscate până obțineți un aluat moale. Se framanta usor, se intinde la aproximativ 1 cm / ½ grosime si se taie in 5 cm / 2 felii cu un taietor. Puneți scones (biscuiții) pe o tavă unsă cu unsoare (biscuiți) și coaceți în cuptorul preîncălzit la 230°C / 450°F / gaz mark 8 timp de aproximativ 10 minute până când sunt bine crescute și aurii.

scones de melasa intregi

face 12

100 g / 4 oz / 1 cană făină universală (grâu integral)

100 g / 4 oz / 1 cană de făină (universal)

25 g / 1 oz / 2 linguri zahăr granulat (superfin)

2,5 ml / ½ lingurita crema de tartru

2,5 ml / ½ linguriță bicarbonat de sodiu (bicarbonat de sodiu)

5 ml / 1 linguriță amestecat cu ierburi (plăcintă cu mere)

50 g / 2 oz / ¼ cană unt sau margarina

30 ml / 2 linguri melasă blackstrap

100 ml / 3½ fl oz / 6½ linguri de lapte

Se amestecă ingredientele uscate și se întinde cu unt sau margarină. Se încălzește melasa și se amestecă ingredientele cu suficient lapte pentru a forma un aluat moale. Se intinde pe o suprafata usor infainata pana la 1 cm/½ grosime si se taie felii cu ajutorul unui taietor. Aranjați scones (biscuiții) pe o tavă unsă și unsă cu făină și ungeți cu lapte. Coaceți în cuptorul preîncălzit la 190 ° C / 375 ° F / marcajul de gaz 5 timp de 20 de minute.

scones cu iaurt

face 12

200 g / 7 uncii / 1¾ cani de făină (universal)

25 g / 1 oz / ¼ cană făină de orez

10 ml / 2 linguri praf de copt

Puțină sare

15 ml / 1 lingura zahar granulat (superfin)

50 g / 2 oz / ¼ cană unt sau margarină

150 ml / ¼ pt / 2/3 cană iaurt

Se amestecă făina, drojdia, sarea și zahărul. Frecați untul sau margarina până când amestecul seamănă cu pesmet. Se amestecă iaurtul pentru a forma un aluat moale, dar nu lipicios. Se întinde pe o suprafață cu făină de aproximativ 2 cm / ¾ de grosime și se taie în 5 cm / 2 felii cu un tăietor de biscuiți. Se aseaza pe o tava de copt unsa (biscuiti) si se coace in cuptorul preincalzit la 200°C / 400°F / marca 6 timp de aproximativ 15 minute pana se ridica bine si devine maro auriu.

scones cu brânză

face 12

225 g / 8 uncii / 2 căni de făină (universal)

2,5 ml / ½ linguriță sare

15 ml / 1 lingura praf de copt

50 g / 2 oz / ¼ cană unt sau margarină

100 g / 4 oz / 1 cană brânză cheddar, rasă

150 ml / ¼ pt / 2/3 cană lapte

Se amestecă făina, sarea și drojdia. Frecați untul sau margarina până când amestecul seamănă cu pesmet. Adăugați brânza. Amestecați treptat laptele pentru a forma un aluat moale. Se framanta usor, se intinde la aproximativ 1 cm / ½ grosime si se taie in 5 cm / 2 felii cu un taietor. Puneți scones (biscuiții) pe o tavă unsă (biscuiți) și coaceți în cuptorul preîncălzit la 220°C / 425°F / gaz mark 7 timp de 12-15 minute până când se ridică bine și devin maro auriu. Serviți cald sau rece.

Scones cu ierburi întregi

face 12

100 g / 4 oz / ½ cană unt sau margarină

175 g / 6 oz / 1¼ cani de făină universală (grâu integral)

50 g / 2 oz / ½ cană făină (universal)

10 ml / 2 linguri praf de copt

30 ml / 2 linguri salvie proaspătă sau cimbru tocat

150 ml / ¼ pt / 2/3 cană lapte

Frecați untul sau margarina în făină și drojdie până când amestecul seamănă cu pesmet. Se amestecă ierburile și suficient lapte pentru a forma un aluat moale. Se framanta usor, se intinde la aproximativ 1 cm / ½ grosime si se taie in 5 cm / 2 felii cu un taietor. Puneți scones (biscuițîi) pe o tavă unsă cu uns și ungeți cu lapte. Coaceți în cuptorul preîncălzit la 220°C/425°F/marca de gaz 7 timp de 10 minute până când crește și devine maro auriu.

Scones cu salam și brânză

4 portii

50 g / 2 oz / ¼ cană unt sau margarină

225 g / 8 uncii / 2 căni de făină auto-crescătoare (cu drojdie)

Puțină sare

50 g salam, feliat

75 g / 3 uncii / ¾ cană brânză cheddar rasă

75 ml / 5 linguri de lapte

Frecați untul sau margarina în făină și sare până când amestecul seamănă cu pesmet. Adaugam salamul si branza, apoi adaugam laptele si amestecam pana obtinem un aluat moale. Formați un cerc de 20 cm/8 și neteziți ușor. Puneți scones (biscuiții) pe o tavă unsă (biscuiți) și coaceți în cuptorul preîncălzit la 220°C / 425°F / marca gaz 7 timp de 15 minute până se rumenesc.

Scones întregi

face 12

175 g / 6 oz / 1½ cani de făină universală (grâu integral)

50 g / 2 oz / ½ cană făină (universal)

15 ml/1 lingura praf de copt

Puțină sare

50 g / 2 oz / ¼ cană unt sau margarină

50 g / 2 oz / ¼ cană zahăr granulat (superfin)

150 ml / ¼ pt / 2/3 cană lapte

Se amestecă făina, drojdia și sarea. Frecați untul sau margarina până când amestecul seamănă cu pesmet. Adăugați zahărul. Amestecați treptat laptele pentru a forma un aluat moale. Se framanta usor, se intinde la aproximativ 1 cm / ½ grosime si se taie in 5 cm / 2 felii cu un taietor. Așezați scones (biscuiții) pe o tavă unsă (biscuiți) și coaceți în cuptorul preîncălzit la 230°C / 450°F / gaz mark 8 pentru aproximativ 15 minute până când crește și auriu. Serviți-l fierbinte.

Barbadian Conkies

face 12

350 g dovleac ras

225 g/8 oz cartof dulce, ras

1 nucă de cocos mare, rasă sau 225 g/8 oz 2 căni de nucă de cocos deshidratată (răzuită)

350 g / 12 oz / 1½ cani de zahăr brun moale

5 ml / 1 linguriță condimente măcinate (plăcintă cu mere)

5 ml/1 lingurita nucsoara rasa

5 ml/1 lingurita sare

5 ml / 1 lingurita esenta de migdale (extract)

100 g / 4 oz / 2/3 cană stafide

350 g / 12 oz / 3 căni făină de porumb

100 g / 4 oz / 1 cană făină auto-crescătoare (cu drojdie)

175 g / 6 oz / ¾ cană unt topit sau margarină

300 ml / ½ pt / 1¼ cani de lapte

Se amestecă dovleacul, cartofii dulci și nuca de cocos. Se adauga zaharul, condimentele, sarea si esenta de migdale. Adăugați stafidele, mălaiul și făina și amestecați bine. Se amestecă untul topit sau margarina cu laptele și se adaugă la ingredientele uscate până se omogenizează. Asezati aproximativ 60ml/4 linguri din amestec pe o bucata patrata de folie, avand grija sa nu o umpleti prea mult. Îndoiți folia într-un pachet, astfel încât să fie bine înfășurată și să nu fie vizibil amestecul. Repetați cu amestecul rămas. Gătiți conkies pe un grătar peste o tigaie cu apă clocotită timp de aproximativ 1 oră până când sunt întăriți și gata. Serviți cald sau rece.

Fursecuri de Crăciun la cuptor

împlinește 40 de ani

50 g / 2 oz / ¼ cană unt sau margarină

100 g / 4 oz / 1 cană de făină (universal)

2,5 ml / ½ linguriță cardamom măcinat

25 g / 1 oz / 2 linguri zahăr granulat (superfin)

15 ml / 1 lingura frisca (grea)

5 ml/1 lingurita coniac

1 ou mic bătut

Ulei de prajit

Zahăr pudră pentru pudrat

Frecați untul sau margarina în făină și cardamom până când amestecul seamănă cu pesmet. Adăugați zahărul, apoi adăugați smântâna, țuica și o cantitate suficientă de ou pentru a face un amestec foarte tare. Acoperiți și lăsați să stea la loc răcoros timp de 1 oră.

Se intinde pe o suprafata usor infainata de 5 mm / ¼ grosime si se taie in fasii de 10 x 2,5 cm / 4 x 1 cu ajutorul unui taietor de patiserie. Folosind un cuțit ascuțit, faceți o tăietură în centrul fiecărei benzi. Trageți un capăt al benzii prin fantă pentru a crea o jumătate de arc. Lucrând în reprize, prăjiți fursecurile în ulei încins timp de aproximativ 4 minute până când devin maro auriu și clocotesc. Se scurge pe hartie de bucatarie (prosoape de hartie) si se serveste presarat cu zahar pudra.

prăjituri de mălai

face 12

100 g / 4 oz / 1 cană făină auto-crescătoare (cu drojdie)

100 g / 4 oz / 1 cană făină de porumb

5 ml/1 lingurita praf de copt

15 g / ½ oz / 1 lingură zahăr granulat (superfin)

2 oua

375 ml / 13 fl oz / 1½ cani de lapte

60 ml / 4 linguri ulei

Ulei pentru prăjire superficială

Se amestecă ingredientele uscate și se face un godeu în centru. Bateți ouăle, laptele și uleiul măsurat, apoi adăugați ingredientele uscate. Încinge puțin ulei într-o tigaie mare (tigaie) și prăjește (sote) 60 ml/4 linguri de aluat până când apar bule în partea de sus. Întoarceți și prăjiți cealaltă parte până se rumenește. Se scoate din tava si se tine la cald in timp ce continui cu restul de aluat. Serviți-l fierbinte.

Cookie-uri

face 8

15 g/oz drojdie proaspătă sau 20 ml/4 lingurițe drojdie uscată

5 ml / 1 lingurita zahar tos (superfin)

300 ml / ½ pt / 1¼ cani de lapte

1 ou

250 g / 9 uncii / 2¼ cani de făină (universal)

5 ml/1 lingurita sare

ulei pentru a străluci

Amestecați drojdia și zahărul cu puțin lapte pentru a forma o pastă și apoi amestecați restul de lapte și oul. Adăugați lichidul în făină și sare și bateți până obțineți un aluat cremos și gros. Acoperiți și lăsați să stea într-un loc cald timp de 30 de minute până când își dublează volumul. Încingeți o tigaie sau o tigaie grea (tigaie) și ungeți-o ușor. Așezați 7,5 cm/3 pe tăvi de copt pe tava de copt. (Dacă nu aveți inele de copt, tăiați cu grijă partea de sus și de jos într-o formă mică.) Turnați căni de amestec în inele și gătiți aproximativ 5 minute până când fundul este maro auriu și partea de sus este desămânțată. Repetați cu amestecul rămas. Serviți prăjită.

Gogoși

face 16

300 ml / ½ pt / 1¼ cani de lapte cald

15 ml/1 lingură drojdie uscată

175 g / 6 oz / ¾ cană zahăr granulat (superfin)

450 g / 1 lb / 4 căni de făină tare (pâine)

5 ml/1 lingurita sare

50 g / 2 oz / ¼ cană unt sau margarină

1 ou bătut

Ulei de prajit

5 ml/1 lingurita de scortisoara pudra

Amestecați laptele cald, drojdia, 5 ml / 1 linguriță de zahăr și 100 g / 4 oz / 1 cană de făină. Se lasa la loc caldut 20 de minute pana devine spumoasa. Amestecați făina rămasă, 50 g zahăr și sarea într-un bol și untul sau margarina până când amestecul seamănă cu pesmet. Adăugați oul și drojdia și frământați bine până obțineți un aluat omogen. Acoperiți și lăsați să stea la loc cald timp de 1 oră. Frământați din nou și întindeți până la 2 cm / ½ grosime. Tăiați rondele cu un tăietor de 8 cm / 3 inchi și tăiați centrele cu un tăietor de 4 cm / 1 ½ inch.

Se aseaza pe o tava unsa cu unt si se lasa la crescut 20 de minute. Se încălzește uleiul până aproape că dă fum și apoi se prăjesc gogoșile puțin câte puțin timp de câteva minute până se rumenesc. Se usucă bine. Puneți zahărul și scorțișoara rămase într-o pungă și agitați gogoșile în pungă până sunt bine acoperite.

gogoși de cartofi

face 24

15 ml/1 lingură drojdie uscată

60 ml / 4 linguri de apă caldă

25 g / 1 oz / 2 linguri zahăr granulat (superfin)

25 g / 1 oz / 2 linguri untură (scurtare)

1,5 ml / ¼ linguriță sare

75 g / 3 oz / 1/3 cană piure de cartofi

1 ou bătut

120 ml / 4 fl oz / ½ cană lapte fiert

300 g / 10 uncii / 2½ căni făină simplă tare (pâine)

Ulei de prajit

zahăr granulat pentru stropire

Dizolvam drojdia in apa calduta cu o lingurita de zahar si lasam sa faca spuma. Amestecați untura, zahărul rămas și sarea. Adaugam cartofii, amestecul de drojdie, oul si laptele si adaugam treptat faina si amestecam intr-un aluat omogen. Se transferă pe o suprafață tapetă cu făină și se frământă bine. Se aseaza intr-un bol uns cu unt, se acopera cu folie alimentara (folie de plastic) si se lasa la loc caldut aproximativ 1 ora pana isi dubleaza volumul.

Frământați din nou și întindeți până la 1 cm/½ grosime. Tăiați inele cu un tăietor de 8cm / 3in, apoi tăiați centrele cu un tăietor de 4cm / 1 ½in pentru a face forme de gogoși. Se lasa sa creasca pana isi dubleaza volumul. Încinge uleiul și prăjește gogoșile până se rumenesc. Se presară cu zahăr și se lasă să se răcească.

Pâine naan

face 6

2,5 ml / ½ linguriță drojdie uscată

60 ml / 4 linguri de apă caldă

350 g / 12 oz / 3 căni de făină (toate scopuri)

10 ml / 2 linguri praf de copt

Puțină sare

150 ml / ¼ pt / 2/3 cană iaurt

Unt topit pentru periaj

Se amestecă drojdia și apa călduță și se lasă să spumeze într-un loc cald timp de 10 minute. Amestecați amestecul de drojdie cu făina, drojdia și sarea și apoi adăugați iaurtul până obțineți un aluat moale. Se framanta pana nu mai devine lipicios. Se pune intr-un bol uns cu ulei, se acopera si se lasa la crescut 8 ore.

Împărțiți aluatul în șase bucăți și întindeți-l în forme ovale, de aproximativ 5 mm/¼ grosime. Se aseaza pe o tava unsa cu unt si se unge cu unt topit. Se prăjește pe un grătar mediu (grătar) timp de aproximativ 5 minute până când se umflă ușor, apoi se întoarce și se unge cealaltă parte cu unt și se mai prăjește încă 3 minute până se rumenește ușor.

Bannocks de ovăz

face 4

100 g / 4 oz / 1 cană de ovăz mediu

2,5 ml / ½ linguriță sare

Un praf de bicarbonat de sodiu (bicarbonat de sodiu)

10 ml / 2 lingurite ulei

60 ml / 4 lingurite apa fierbinte

Amestecați ingredientele uscate într-un bol și faceți un godeu în centru. Adaugati uleiul si apa cat sa faceti un aluat tare. Se rastoarna pe o suprafata usor infainata si se framanta pana se omogenizeaza. Se rulează la aproximativ 5 mm / ¼ grosime, se aranjează marginile și se taie în sferturi. Încingeți o tigaie sau o tigaie grea (tigaie) și prăjiți (soteți) bannocii timp de aproximativ 20 de minute, până când colțurile încep să se ondula. Întoarceți și gătiți cealaltă parte timp de 6 minute.

pichete

face 8

10 ml / 2 lingurițe drojdie proaspătă sau 5 ml / 1 linguriță drojdie uscată

5 ml / 1 lingurita zahar tos (superfin)

300 ml / ½ pt / 1¼ cani de lapte

1 ou

225 g / 8 uncii / 2 căni de făină (universal)

5 ml/1 lingurita sare

ulei pentru a străluci

Amestecați drojdia și zahărul cu puțin lapte pentru a forma o pastă și apoi amestecați restul de lapte și oul. Adăugați lichidul în făină și sare și bateți până obțineți un aluat fin. Acoperiți și lăsați să stea într-un loc cald timp de 30 de minute până când își dublează volumul. Încingeți o tigaie sau o tigaie grea (tigaie) și ungeți-o ușor. Turnați cești din amestec în tigaie și gătiți aproximativ 3 minute până când partea inferioară este maro aurie, apoi întoarceți și gătiți aproximativ 2 minute pe cealaltă parte. Repetați cu amestecul rămas.

Scones cu picătură ușoară

face 15

100 g / 4 oz / 1 cană făină auto-crescătoare (cu drojdie)

Puțină sare

15 ml / 1 lingura zahar granulat (superfin)

1 ou

150 ml / ¼ pt / 2/3 cană lapte

ulei pentru a străluci

Se amestecă făina, sarea și zahărul și se face un godeu în centru. Turnați oul și adăugați treptat oul și laptele până obțineți o masă omogenă. Se incinge o tigaie mare (o tigaie) si se unge usor cu ulei. Cand este foarte fierbinte, asezam linguri de aluat pe tava pentru a forma cercuri. Coaceți aproximativ 3 minute până când scones (biscuiții) sunt umflați și auriu pe fund, apoi întoarceți și rumeniți cealaltă parte. Se servește fierbinte sau fierbinte.

Scones de arțar și lemn dulce

face 30

200 g / 7 oz / 1¾ cani de făină auto-crescătoare

25 g / 1 oz / ¼ cană făină de orez

10 ml / 2 linguri praf de copt

25 g / 1 oz / 2 linguri zahăr granulat (superfin)

Puțină sare

15 ml/1 lingura sirop de artar

1 ou bătut

200 ml / 7 fl oz / puțin 1 cană de lapte

ulei de floarea soarelui

50 g / 2 oz / ¼ cană unt sau margarină, moale

15 ml / 1 lingura nuci tocate

Se amestecă făina, drojdia, zahărul și sarea și se face un godeu în centru. Adăugați siropul de arțar, oul și jumătate din lapte și bateți până se omogenizează. Adăugați laptele rămas pentru a forma un aluat gros. Se incinge putin ulei intr-o tigaie (tigaia) si se indeparteaza excesul. Se toarnă linguri de aluat în tigaie și se prăjește (se sotește) până când fundul devine maro auriu. Întoarceți și prăjiți celelalte părți. Scoateți din tavă și păstrați la cald în timp ce coaceți scones-urile rămase. Se face piure untul sau margarina cu nucile si se orneaza scones fierbinti cu untul aromat inainte de servire.

Prăgărițe

face 12

225 g / 8 uncii / 2 căni de făină (universal)

5 ml / 1 linguriță praf de copt (praf de copt)

10 ml/2 lingurite crema de tartar

2,5 ml / ½ linguriță sare

25 g / 1 oz / 2 linguri untură (grăsime) sau unt

25 g / 1 oz / 2 linguri zahăr granulat (superfin)

150 ml / ¼ pt / 2/3 cană lapte

ulei pentru a străluci

Se amestecă făina, sifonul, crema de tartru și sarea. Se scufundă în untură sau unt și se adaugă zahărul. Amestecați treptat laptele până obțineți un aluat moale. Tăiați aluatul în jumătate, frământați și modelați fiecare aluat pe o suprafață plană de aproximativ 1 cm / ½ grosime. Tăiați fiecare rundă în șase. Se incinge o tigaie sau o tigaie mare (tigaie) si se unge usor cu ulei. Când sunt calde, puneți scones (biscuiții) în tigaie și prăjiți aproximativ 5 minute până se rumenesc pe fund, apoi întoarceți și gătiți pe cealaltă parte. Se lasa sa se raceasca pe un gratar.

Scones cu brânză la grătar

face 12

25 g / 1 oz / 2 linguri de unt sau margarină, înmuiată

100 g / 4 oz / ½ cană brânză de vaci

5 ml / 1 linguriță arpagic proaspăt

2 oua batute

40 g / 1½ oz / 1/3 cană făină universală

15 g / ½ oz / 2 linguri făină de orez

5 ml/1 lingurita praf de copt

15 ml/1 lingura de lapte

ulei pentru a străluci

Bateți toate ingredientele, cu excepția uleiului, împreună într-un aluat gros. Se incinge putin ulei intr-o tigaie (tigaia) si se scurge excesul de apa. Prăjiți (soteți) linguri de amestec până când fundul este maro auriu. Întoarceți scones (prăjiturile) și coaceți pe cealaltă parte. Scoateți din tigaie și păstrați la cald în timp ce prăjiți găluștele rămase.

Clatite Scotch Speciale

face 12

100 g / 4 oz / 1 cană de făină (universal)

10 ml / 2 linguri de zahăr tos (superfin)

5 ml / 1 lingurita crema de tartru

2,5 ml / ½ linguriță sare

2,5 ml / ½ linguriță bicarbonat de sodiu (bicarbonat de sodiu)

1 ou

5 ml / 1 linguriță sirop de aur (porumb ușor)

120 ml / 4 fl oz / ½ cană lapte cald

ulei pentru a străluci

Se amestecă ingredientele uscate și se face un godeu în centru. Bateți oul cu siropul și laptele și amestecați în amestecul de făină până obțineți un aluat foarte gros. Se acoperă și se lasă să stea până când amestecul devine spumant, aproximativ 15 minute. Încingeți o tigaie mare sau o tigaie grea (tigaie) și ungeți-o ușor. Puneți lingurițe mici de aluat în tigaie și prăjiți pe o parte aproximativ 3 minute până ce partea inferioară este maro aurie, apoi întoarceți-l și prăjiți cealaltă parte timp de aproximativ 2 minute. Înfășurați clătitele într-un prosop de bucătărie cald (prosop de vase) în timp ce gătiți restul aluatului. Se serveste proaspat si uns cu unt, prajit sau copt (prajit).

Clătite scoțiene cu fructe

face 12

100 g / 4 oz / 1 cană de făină (universal)

10 ml / 2 linguri de zahăr tos (superfin)

5 ml/1 lingurita crema de tartru

2,5 ml / ½ linguriță sare

2,5 ml / ½ linguriță bicarbonat de sodiu (bicarbonat de sodiu)

100 g / 4 oz / 2/3 cană stafide

1 ou

5 ml / 1 linguriță sirop de aur (porumb ușor)

120 ml / 4 fl oz / ½ cană lapte cald

ulei pentru a străluci

Se amestecă ingredientele uscate și stafidele și se face un godeu în centru. Bateți oul cu siropul și laptele și amestecați în amestecul de făină până obțineți un aluat foarte gros. Se acoperă și se lasă să stea până când amestecul devine spumant, aproximativ 15 minute. Încingeți o tigaie mare sau o tigaie grea (tigaie) și ungeți-o ușor. Puneți lingurițe mici de aluat în tigaie și prăjiți pe o parte aproximativ 3 minute până ce partea inferioară este maro aurie, apoi întoarceți-l și prăjiți cealaltă parte timp de aproximativ 2 minute. Înfășurați clătitele într-un prosop de ceai cald (prosop de vase) în timp ce gătiți restul. Se serveste proaspat si uns cu unt, prajit sau copt (prajit).

Clatite scoțiene cu portocale

face 12

100 g / 4 oz / 1 cană de făină (universal)

10 ml / 2 linguri de zahăr tos (superfin)

5 ml/1 lingurita crema de tartru

2,5 ml / ½ linguriță sare

2,5 ml / ½ linguriță bicarbonat de sodiu (bicarbonat de sodiu)

10 ml / 2 lingurite coaja de portocala rasa

1 ou

5 ml / 1 linguriță sirop de aur (porumb ușor)

120 ml / 4 fl oz / ½ cană lapte cald

Câteva picături de esență de portocale (extract)

ulei pentru a străluci

Se amestecă ingredientele uscate și coaja de portocală și se face un godeu în centru. Batem oul cu siropul, laptele si esenta de portocale si batem amestecul de faina pana obtinem un aluat foarte gros. Se acoperă și se lasă să stea până când amestecul devine spumant, aproximativ 15 minute. Încingeți o tigaie mare sau o tigaie grea (tigaie) și ungeți-o ușor. Puneți lingurițe mici de aluat în tigaie și prăjiți pe o parte aproximativ 3 minute până ce partea inferioară este maro aurie, apoi întoarceți-l și prăjiți cealaltă parte timp de aproximativ 2 minute. Înfășurați clătitele într-un prosop de ceai cald (prosop de vase) în timp ce gătiți restul. Se serveste proaspat si uns cu unt, prajit sau copt (prajit).

cântând bardoc

face 12

225 g / 8 uncii / 2 căni de făină (universal)

2,5 ml / ½ linguriță sare

2,5 ml / ½ linguriță praf de copt

50 g / 2 oz / ¼ cană untură (scurtare)

50 g / 2 oz / ¼ cană unt sau margarină

100 g / 4 oz / 2/3 cesti coacaze

120 ml / 4 fl oz / ½ cană lapte

ulei pentru a străluci

Se amestecă ingredientele uscate și se scufundă în untură și unt sau margarină până când amestecul seamănă cu pesmet. Adunați stafidele și faceți o gaură în centru. Amestecați suficient lapte pentru a face un aluat tare. Se intinde pe o suprafata usor infainata de aproximativ 1 cm/½ grosime si se intepa deasupra cu o furculita. Încingeți o tigaie sau o tigaie grea (tigaie) și ungeți-o ușor. Coaceți tortul aproximativ 5 minute până când fundul este auriu, apoi întoarceți-l și gătiți cealaltă parte aproximativ 4 minute. Se serveste impartit si cu unt.

plăcinte galeze

4 portii

225 g / 8 uncii / 2 căni de făină (universal)

5 ml/1 lingurita praf de copt

2,5 ml / ½ linguriță de condimente măcinate (plăcintă cu mere)

50 g / 2 oz / ¼ cană unt sau margarină

50 g / 2 oz / ¼ cană untură (scurtare)

75 g / 3 uncii / 1/3 cană zahăr granulat (superfin)

50 g / 2 oz / 1/3 cană coacăze negre

1 ou bătut

30-45 ml / 2-3 linguri de lapte

Amestecați făina, drojdia și condimentele într-un castron. Bateți untul sau margarina și untura până când amestecul seamănă cu un pesmet. Adăugați zahărul și coacăzele. Adăugați suficient ou și lapte pentru a face un aluat tare. Se intinde pe o tabla tapata cu faina de 5 mm / ¼ grosime si se taie 7,5 cm / 3 felii. Se prăjește într-o tigaie unsă cu unsoare timp de aproximativ 4 minute pe fiecare parte până se rumenește.

Clatite galeze

face 12

175 g / 6 uncii / 1½ cani de făină (universal)

2,5 ml / ½ lingurita crema de tartru

2,5 ml / ½ linguriță bicarbonat de sodiu (bicarbonat de sodiu)

50 g / 2 oz / ¼ cană zahăr granulat (superfin)

25 g / 1 oz / 2 linguri unt sau margarină

1 ou bătut

120 ml / 4 fl oz / ½ cană lapte

2,5 ml / ½ linguriță oțet

ulei pentru a străluci

Se amestecă ingredientele uscate și se adaugă zahărul. Întindeți peste el untul sau margarina și faceți o gaură în centru. Amestecați oul și laptele suficient pentru a face un aluat subțire. Adăugați oțetul. Încingeți o tigaie sau o tigaie grea (tigaie) și ungeți-o ușor. Puneți linguri mari de aluat în tigaie și prăjiți (soteți) aproximativ 3 minute până când fundul devine auriu. Întoarceți și gătiți cealaltă parte aproximativ 2 minute. Se serveste cald si cu unt.

Pâine de porumb cu ierburi mexicane

Face 8 role

225 g / 8 uncii / 2 căni de făină auto-crescătoare (cu drojdie)

5 ml / 1 linguriță pudră de chili

2,5 ml / ½ linguriță bicarbonat de sodiu (bicarbonat de sodiu)

200 g / 7 oz / 1 cutie mică de porumb dulce cu smântână (porumb)

15 ml/1 lingură pastă de curry

250 ml / 8 fl oz / 1 cană iaurt

Ulei pentru prăjire superficială

Se amestecă făina, praful de chili și bicarbonatul de sodiu. Adăugați ingredientele rămase, cu excepția uleiului, și amestecați până obțineți un aluat omogen. Transferați pe o suprafață ușor înfăinată și frământați ușor până se omogenizează. Tăiați în opt bucăți și mângâiați fiecare într-o rotundă de 13 cm / 5. Încinge uleiul într-o tigaie grea (tigaie) și prăjește (sote) rulourile de porumb timp de 2 minute pe fiecare parte, până se rumenesc și se fierb ușor.

Pâine plată suedeză

face 4

225 g / 8 uncii / 2 căni de făină universală (grâu integral)

225 g / 8 uncii / 2 căni de făină de secară sau orz

5 ml/1 lingurita sare

Aproximativ 250 ml / 8 fl oz / 1 cană apă caldă

ulei pentru a străluci

Amestecați făina și sarea într-un castron și amestecați treptat apa până obțineți un aluat tare. În funcție de făina pe care o folosiți, este posibil să aveți nevoie de puțină mai multă sau mai puțină apă. Se bate bine până când amestecul iese de pe marginile vasului, apoi se răstoarnă pe o suprafață ușor făinată și se frământă timp de 5 minute. Împărțiți aluatul în sferturi și întindeți-l foarte subțire la 20 cm / 8 în felii. Se incinge o tigaie mare sau o tigaie si se unge usor cu ulei. Coaceți (soteți) una sau două pâini o dată, aproximativ 15 minute pe fiecare parte, până se rumenesc.

Pâine de secară și porumb dulce la abur

Pentru o pâine de 23 cm / 9

175 g / 6 oz / 1½ cani de făină de secară

175 g / 6 oz / 1½ cani de făină universală (grâu integral)

100 g / 4 oz / 1 cană de ovăz

10 ml / 2 lingurite bicarbonat de sodiu (bicarbonat de sodiu)

5 ml/1 lingurita sare

450 ml / ¾ pt / 2 cesti lapte

175 g / 6 oz / ½ cană melasă neagră (melasă)

10 ml / 2 lingurițe suc de lămâie

Se amestecă făina, fulgii de ovăz, bicarbonatul de sodiu și sarea. Se încălzește laptele, melasa și sucul de lămâie până se încălzește și se adaugă ingredientele uscate. Se toarnă într-un castron de 9/8" uns într-un castron de budincă și se acoperă cu folie șifonată. Puneți într-o cratiță mare și umpleți cu suficientă apă fierbinte pentru a crește la jumătatea părților laterale ale cratiței. Acoperiți și gătiți timp de 3 ore, adăugând apă clocotită dacă este necesar. Lăsați să stea peste noapte înainte de servire.

Pâine cu porumb dulce la abur

Face două pâini de 450 g/1 lb

175 g / 6 uncii / 1½ cani de făină (universal)

225 g / 8 uncii / 2 căni de făină de porumb

15 ml/1 lingura praf de copt

Puțină sare

3 oua

45 ml / 3 linguri ulei

150 ml / ¼ pt / 2/3 cană lapte

300 g/11 oz conserve de porumb dulce (porumb), scurs și făcut piure

Se amestecă făina, mălaiul, drojdia și sarea. Bateți ouăle, uleiul și laptele și adăugați ingredientele uscate împreună cu porumbul dulce. Se toarnă în două tavi unse de 450 g și se așează într-o tigaie mare cu suficientă apă clocotită, cât să se ridice la jumătatea pereților vaselor. Acoperiți și gătiți timp de 2 ore, adăugând apă clocotită dacă este necesar. Se lasa sa se raceasca in forme inainte de a le intinde si taia.

chapatis întregi

face 12

225 g / 8 uncii / 2 căni de făină universală (grâu integral)

5 ml/1 lingurita sare

150 ml / ¼ pt / 2/3 cană apă

Amestecați făina și sarea într-un castron și amestecați treptat apa până obțineți un aluat tare. Se împarte în 12 bucăți și se întinde pe o suprafață înfăinată. Unge o tigaie grea (tigaie) sau grătar și prăjește (sote) câțiva chapatis o dată la foc mediu până se rumenesc pe partea inferioară. Se rastoarna si se fierbe pe cealalta parte pana se rumeneste usor. Păstrați chapati-ul cald în timp ce prăjiți restul. Serviți cu unt pe o parte, dacă doriți.

Puris integral

face 8

100 g / 4 oz / 1 cană făină universală (grâu integral)

100 g / 4 oz / 1 cană de făină (universal)

2,5 ml / ½ linguriță sare

25 g / 1 oz / 2 linguri unt topit sau margarina

150 ml / ¼ pt / 2/3 cană apă

Ulei de prajit

Se amestecă făina cu sarea și se face un godeu în centru. Adăugați untul sau margarina. Adăugați treptat apa și amestecați până obțineți un aluat tare. Frământați timp de 5 până la 10 minute, acoperiți cu o cârpă umedă și lăsați să stea 15 minute.

Împărțiți aluatul în opt bucăți și rulați fiecare într-o rotundă subțire de 13 cm/5. Se încălzește uleiul într-o tigaie mare (tigaie) și se prăjește (sote) puris una sau două până când este umflat și crocant și auriu. . Scurgeți pe hârtie absorbantă (prosop de hârtie).

Fursecuri cu migdale

face 24

100 g / 4 oz / ½ cană unt sau margarină, înmuiată

50 g / 2 oz / ¼ cană zahăr granulat (superfin)

100 g / 4 oz / 1 cană făină auto-crescătoare (cu drojdie)

25 g / 1 oz / ¼ cană migdale măcinate

Câteva picături de esență de migdale (extract)

Bateți untul sau margarina și zahărul până devine ușor și pufos. Adaugati faina, migdalele macinate si esenta de migdale pana obtineti un amestec tare. Formați bile mari de mărimea unei nuci și puneți-le bine depărtate pe o tavă de copt unsă (biscuiți) și apăsați ușor cu o furculiță până la nivel. Coaceți biscuiții (biscuiții) într-un cuptor preîncălzit la 180°C/350°F/marcă de gaz 4 timp de 15 minute până se rumenesc.

Bucle de migdale

face 30

100 g / 4 oz / 1 cană migdale tăiate felii

100 g / 4 oz / ½ cană unt sau margarină

100 g / 4 oz / ½ cană zahăr granulat (superfin)

30 ml / 2 linguri de lapte

15-30 ml / 1-2 linguri făină (toate scopuri)

Se pun migdalele, untul sau margarina, zaharul si laptele intr-o tigaie cu 15 ml/1 lingura de faina. Se incalzeste usor, amestecand continuu, pana se omogenizeaza bine, adaugand restul de faina daca este necesar pentru ca amestecul sa fie foarte ferm. Puneți lingurile bine depărtate pe o tavă unsă şi unsă cu făină şi coaceți în cuptorul preîncălzit la 180°C / 350°F / marca gaz 4 timp de 8 minute până se rumenesc uşor. Lăsați-le să se răcească pe tava de copt aproximativ 30 de secunde, apoi modelați-le în bucle în jurul mânerului unei linguri de lemn. Dacă se răcesc prea mult pentru a le modela, puneți-le din nou la cuptor pentru câteva secunde pentru a se reîncălzi înainte de a modela restul.

inele de migdale

face 24

100 g / 4 oz / ½ cană unt sau margarină, înmuiată

100 g / 4 oz / ½ cană zahăr granulat (superfin)

1 ou, separat

225 g / 8 uncii / 2 căni de făină (universal)

5 ml/1 lingurita praf de copt

5 ml / 1 linguriță coajă de lămâie rasă

50 g / 2 oz / ½ cană migdale tăiate felii

Zahăr rafinat (superfin) pentru stropire

Bateți untul sau margarina și zahărul până devine ușor și pufos. Bateți treptat gălbenușul de ou și apoi adăugați făina, praful de copt și coaja de lămâie, terminând cu mâinile până când amestecul este bine combinat. Se rulează la 5 mm / ¼ grosime și se taie 6 cm / 2" în rondele cu un tăietor de prăjituri, apoi se decupează centrele cu un tăietor de 2 cm / ¾ inch. Pune fursecurile bine despărțite pe o foaie de copt unsă și se înțeapă cu o furculiță. Se coace. la cuptorul preincalzit la 180°C / 350°F / gaz marca 4 timp de 10 minute. Se unge cu albus de ou, se presara migdale si zahar si se mai coace inca 5 minute pana se rumenesc.

Crăpături de migdale mediteraneene

face 24

2 ouă separate

175 g / 6 oz / 1 cană zahăr de cofetarie (pudra), cernut

10 ml / 2 linguri praf de copt

coaja rasă de ½ lămâie

Câteva picături de esență de vanilie (extract)

400 g / 14 oz / 3½ căni de migdale măcinate

Se bat galbenusurile si un albus cu zaharul pana devin palid si pufos. Amestecați toate celelalte ingrediente și amestecați până obțineți un aluat ferm. Faceți bile de mărimea nucilor și puneți-le pe o tavă de copt unsă (cookie), apăsând ușor pentru a se aplatiza. Coaceți în cuptorul preîncălzit la 180°C/350°F/gaz 4 timp de 15 minute până când devine maro auriu și devine crocant la suprafață.

Prajituri cu migdale si ciocolata

face 24

50 g / 2 oz / ¼ cană unt sau margarină, moale

75 g / 3 uncii / 1/3 cană zahăr granulat (superfin)

1 ou mic bătut

100 g / 4 oz / 1 cană de făină (universal)

2,5 ml / ½ linguriță praf de copt

25 g / 1 oz / ¼ cană migdale măcinate

25 g / 1 oz / ¼ cană ciocolată neagră (semidulce), rasă

Bateți untul sau margarina și zahărul până devine ușor și pufos. Bateți oul treptat și apoi adăugați ingredientele rămase pentru a forma un aluat foarte ferm. Dacă amestecul este prea umed, mai adăugați puțină făină. Înfășurați în folie de plastic (folie de plastic) și lăsați la frigider pentru 30 de minute.

Întindeți aluatul într-o formă de cilindru și tăiați-l în felii de 1 cm / ½. Aranjați, bine distanțat, pe o tavă unsă (biscuiți) și coaceți în cuptorul preîncălzit la 190°C / 375°F / marca gaz 5 timp de 10 minute.

Fursecuri Amish cu fructe și nuci

face 24

100 g / 4 oz / ½ cană unt sau margarină, înmuiată

175 g / 6 oz / ¾ cană zahăr granulat (superfin)

1 ou

75 ml / 5 linguri de lapte

75 g / 3 oz / ¼ cană melasă neagră (melasă)

250 g / 9 uncii / 2¼ cani de făină (universal)

10 ml / 2 linguri praf de copt

15 ml/1 lingura scortisoara macinata

10 ml / 2 lingurite bicarbonat de sodiu (bicarbonat de sodiu)

2,5 ml / ½ linguriță nucșoară rasă

50 g / 2 oz / ½ cană de ovăz mediu

50 g / 2 oz / 1/3 cană stafide

25 g / 1 oz / ¼ cană nuci amestecate tocate

Bateți untul sau margarina și zahărul până devine ușor și pufos. Se adauga treptat oul, apoi laptele si melasa. Adăugați ingredientele rămase și amestecați până obțineți un aluat ferm. Adăugați puțin lapte dacă amestecul este prea tare pentru a funcționa, sau puțină făină dacă este prea lipicios. textura depinde de faina pe care o folosesti. Întindeți aluatul până la aproximativ 5 mm / ¼ grosime și tăiați rondele cu ajutorul unui tăietor de prăjituri. Se pune pe o tava unsa cu unt si se coace in cuptorul preincalzit la 180°C / 350°F / marcajul de gaz 4 timp de 10 minute pana se rumenesc.

Fursecuri cu anason

face 16

175 g / 6 oz / ¾ cană zahăr granulat (superfin)

2 albusuri

1 ou

100 g / 4 oz / 1 cană de făină (universal)

5 ml/1 lingurita anason macinat

Bateți zahărul, albușurile și ouăle timp de 10 minute. Adaugam faina putin cate putin si adaugam anasonul. Se toarnă amestecul într-o tavă de 450 g/1 lb (tava de copt) și se coace în cuptorul preîncălzit la 180°C/350°F/marca gaz 4 timp de 35 de minute până când o frigărui introdusă în centru iese curată. Scoateți din tigaie și tăiați în felii de 1 cm / ½. Așezați fursecurile (cookie-urile) culcate pe o tavă de copt unsă (cookie) și coaceți încă 10 minute, întorcându-le la jumătate.

Fursecuri cu banane, ovăz și suc de portocale

face 24

100 g / 4 oz / ½ cană unt sau margarină, înmuiată

100 g/4 oz banane coapte, piure

120 ml / 4 fl oz / ½ cană suc de portocale

4 albusuri, batute usor

10 ml / 2 lingurițe esență de vanilie (extract)

5 ml/1 lingurita coaja de portocala rasa fin

225 g / 8 uncii / 2 căni de fulgi de ovăz

225 g / 8 uncii / 2 căni de făină (universal)

5 ml / 1 linguriță praf de copt (praf de copt)

5 ml/1 lingurita nucsoara rasa

Puțină sare

Bateți untul sau margarina până la omogenizare și apoi adăugați bananele și sucul de portocale. Amestecam albusurile, esenta de vanilie si coaja de portocala si adaugam amestecul de banane, urmat de ingredientele ramase. Se pune pe tăvile de copt și se coace într-un cuptor preîncălzit la 180°C / 350°F / marcajul de gaz 4 timp de 20 de minute până când se rumenesc.

Cookie-uri de bază

împlinește 40 de ani

100 g / 4 oz / ½ cană unt sau margarină, înmuiată

100 g / 4 oz / ½ cană zahăr granulat (superfin)

1 ou bătut

5 ml / 1 lingurita esenta de vanilie (extract)

225 g / 8 uncii / 2 căni de făină (universal)

Bateți untul sau margarina și zahărul până devine ușor și pufos. Adaugam treptat oul si esenta de vanilie, adaugam faina si framantam intr-un aluat omogen. Formați o minge, înfășurați în folie alimentară (folie de plastic) și puneți la frigider pentru 1 oră.

Întindeți aluatul la 5 mm / ¼ grosime și tăiați-l în felii cu un tăietor de biscuiți. Se aranjează pe o tavă unsă (biscuiți) și se coace în cuptorul preîncălzit la 200°C / 400°F / marca gaz 6 timp de 10 minute până se rumenesc. Lăsați să se răcească pe tava de copt timp de 5 minute înainte de a transfera pe un grătar pentru a se răci.

Prajituri crocante de tarate

face 16

100 g / 4 oz / 1 cană făină universală (grâu integral)

100 g / 4 oz / ½ cană zahăr brun moale

25 g / 1 oz / ¼ cană fulgi de ovăz

25 g / 1 oz / ½ cană tărâțe

5 ml / 1 linguriță praf de copt (praf de copt)

5 ml / 1 linguriță pudră de ghimbir

100 g / 4 oz / ½ cană unt sau margarină

15 ml / 1 lingură sirop de aur (porumb ușor)

15 ml/1 lingura de lapte

Se amestecă ingredientele uscate. Topiți untul cu siropul și laptele și amestecați cu ingredientele uscate pentru a forma un aluat ferm. Turnați amestecul de biscuiți pe o tavă unsă cu unsoare și coaceți în cuptorul preîncălzit la 160°C / 325°F / marca gaz 3 timp de 15 minute până se rumenesc.

Prajituri cu tarate de susan

face 12

225 g / 8 uncii / 2 căni de făină universală (grâu integral)

5 ml/1 lingurita praf de copt

25 g / 1 oz / ½ cană tărâțe

Puțină sare

50 g / 2 oz / ¼ cană unt sau margarină

45 ml / 3 linguri zahăr brun moale

45 ml / 3 linguri sultane (stafide aurii)

1 ou, batut usor

120 ml / 4 fl oz / ½ cană lapte

45 ml / 3 linguri seminte de susan

Se amestecă făina, praful de copt, tărâțele și sarea și se toarnă untul sau margarina până când amestecul seamănă cu pesmet. Se amestecă zahărul și sultanele, apoi se adaugă oul și suficient lapte pentru a face un aluat moale, dar nu lipicios. Se rulează la 1 cm / ½ grosime și se taie felii cu un tăietor de prăjituri. Așezați-le pe o foaie de copt unsă, ungeți-le cu lapte și stropiți-le cu semințe de susan. Coaceți într-un cuptor preîncălzit la 220°C / 425°F / marcajul de gaz 7 timp de 10 minute până când se rumenesc.

Fursecuri de coniac cu chimen

face 30

25 g / 1 oz / 2 linguri de unt sau margarină, înmuiată

75 g / 3 oz / 1/3 cană zahăr brun moale

ou

10 ml / 2 lingurite coniac

175 g / 6 uncii / 1½ cani de făină (universal)

10 ml / 2 linguri de seminţe de chimen

5 ml/1 lingurita praf de copt

Puţină sare

Bateţi untul sau margarina şi zahărul până devine uşor şi pufos. Adăugaţi treptat oul şi coniacul, adăugaţi ingredientele rămase şi bateţi până se formează un aluat tare. Înfăşuraţi în folie de plastic (folie de plastic) şi lăsaţi la frigider pentru 30 de minute.

Întindeţi aluatul pe o suprafaţă uşor înfăinată de aproximativ 3mm / 1/8 grosime şi tăiaţi rondele cu ajutorul unei tăieturi de prăjituri. Puneţi biscuiţii pe o tavă unsă cu unsoare şi coaceţi în cuptorul preîncălzit la 200°C / 400°F / marca gaz 6 timp de 10 minute.

rachiu se sparge

face 30

100 g / 4 oz / ½ cană unt sau margarină

100 g / 4 oz / 1/3 cană sirop de aur (porumb ușor)

100 g / 4 oz / ½ cană zahăr demerara

100 g / 4 oz / 1 cană de făină (universal)

5 ml / 1 linguriță pudră de ghimbir

5 ml/1 lingurita suc de lamaie

Topiți untul sau margarina, siropul și zahărul într-o tigaie. Lasam sa se raceasca putin, adaugam faina si ghimbirul si zeama de lamaie. Se toarnă 10 cm/4 lingurițe din amestec pe o tavă unsă cu unt (biscuiți) și se coace în cuptorul preîncălzit la 180°C/350°F/gaz 4 timp de 8 minute până se rumenesc. Lăsați să se răcească un minut, apoi scoateți din tigaie cu o felie și înfășurați mânerul uns al unei linguri de lemn. Scoateți mânerul de pe lingură și lăsați-l să se răcească pe un gratar. Dacă bucățile se întăresc cu mult înainte de a le modela, puneți-le înapoi la cuptor pentru un minut pentru a se încălzi și a se înmoaie.

Prajituri cu unt

face 24

100 g / 4 oz / ½ cană unt sau margarină, înmuiată

50 g / 2 oz / ¼ cană zahăr granulat (superfin)

coaja rasa a 1 lamaie

150 g / 5 oz / 1¼ cani de făină (cu drojdie)

Bateți untul sau margarina și zahărul până devine ușor și pufos. Adăugați coaja de lămâie și amestecați făina până obțineți un amestec tare. Formați bile mari de mărimea unei nuci și puneți-le bine depărtate pe o tavă de copt unsă (biscuiți) și apăsați ușor cu o furculiță până la nivel. Coaceți biscuiții (biscuiții) într-un cuptor preîncălzit la 180°C/350°F/marcă de gaz 4 timp de 15 minute până se rumenesc.

Biscuiți cu unt

împlinește 40 de ani

100 g / 4 oz / ½ cană unt sau margarină, înmuiată

100 g / 4 oz / ½ cană zahăr brun închis moale

1 ou bătut

1,5 ml / ¼ linguriță esență de vanilie (extract)

225 g / 8 uncii / 2 căni de făină (universal)

7,5 ml / 1½ linguriță praf de copt

Puțină sare

Bateți untul sau margarina și zahărul până devine ușor și pufos. Adaugam treptat oul si esenta de vanilie. Se amestecă făina, drojdia și sarea. Formați aluatul în trei rulouri de aproximativ 5 cm/2 în diametru, înfășurați-l în folie de plastic (folie cu clips) și lăsați la frigider pentru 4 ore sau peste noapte.

Tăiați în felii groase de 3mm / 1/8 și aranjați pe tăvi de copt neunse. Coaceți biscuiții (biscuiții) într-un cuptor preîncălzit la 190°C / 375°F / marca de gaz 5 timp de 10 minute până se rumenesc ușor.

fursecuri cu caramel

face 30

50 g / 2 oz / ¼ cană unt sau margarină, moale

50 g / 2 oz / ¼ cană untură (scurtare)

225 g / 8 oz / 1 cană zahăr brun moale

1 ou, batut usor

175 g / 6 uncii / 1½ cani de făină (universal)

1,5 ml / ¼ lingurita de bicarbonat de sodiu (bicarbonat de sodiu)

1,5 ml / ¼ lingurita crema de tartru

Un praf de nucsoara rasa

10 ml / 2 lingurițe de apă

2,5 ml / ½ linguriță esență de vanilie (extract)

Bateți untul sau margarina, untura și zahărul până devine ușor și pufos. Adăugați încet oul. Se adauga faina, sifonul, crema de tartru si nucsoara, apoi se adauga apa si esenta de vanilie si se bate pana se omogenizeaza. Se rulează în formă de cârnați, se înfășoară în folie alimentară (folie de plastic) și se dă la frigider pentru cel puțin 30 de minute, de preferință mai mult.

Tăiați aluatul în felii de 1 cm / ½ și așezați-le pe o tavă unsă cu unsoare (cookie). Coaceți biscuiții (biscuiții) într-un cuptor preîncălzit la 180°C/350°F/gaz 4 timp de 10 minute până se rumenesc.

Biscuiti cu morcovi si nuci

face 48

175 g / 6 oz / ¾ cană unt sau margarină, moale

100 g / 4 oz / ½ cană zahăr brun moale

50 g / 2 oz / ¼ cană zahăr granulat (superfin)

1 ou, batut usor

225 g / 8 uncii / 2 căni de făină (universal)

5 ml/1 lingurita praf de copt

2,5 ml / ½ linguriță sare

100 g / 4 oz / ½ cană piure de morcovi fierți

100 g / 4 oz / 1 cană nuci, tocate

Bateți untul sau margarina și zaharurile până devine ușor și pufos. Adaugam treptat oul si adaugam faina, praful de copt si sarea. Adăugați piureul de morcovi și nucile. Puneți linguri mici pe o tavă unsă (biscuiți) și coaceți în cuptorul preîncălzit la 200°C / 400°F / marca gaz 6 timp de 10 minute.

Biscuiti cu morcovi si nuci cu topping de portocale

face 48

Pentru biscuiti (biscuiti):

175 g / 6 oz / ¾ cană unt sau margarină, moale

100 g / 4 oz / ½ cană zahăr granulat (superfin)

50 g / 2 oz / ¼ cană zahăr brun moale

1 ou, batut usor

225 g / 8 uncii / 2 căni de făină (universal)

5 ml/1 lingurita praf de copt

2,5 ml / ½ linguriță sare

5 ml / 1 lingurita esenta de vanilie (extract)

100 g / 4 oz / ½ cană piure de morcovi fierți

100 g / 4 oz / 1 cană nuci, tocate

Pentru glazura (glazura):

175 g / 6 oz / 1 cană zahăr de cofetarie (pudra), cernut

10 ml / 2 lingurite coaja de portocala rasa

30 ml / 2 linguri suc de portocale

Pentru a face fursecurile, bateți untul sau margarina și zaharurile până devin ușoare și pufoase. Adaugam treptat oul si adaugam faina, praful de copt si sarea. Se adauga esenta de vanilie, piureul de morcovi si nuca. Puneți linguri mici pe o tavă unsă (biscuiți) și coaceți în cuptorul preîncălzit la 200°C / 400°F / marca gaz 6 timp de 10 minute.

Pentru a face glazura, puneti zaharul pudra intr-un bol, adaugati coaja de portocala si faceti o gaura in centru. Adaugam sucul de portocale putin cate putin pana obtinem un strat omogen dar foarte gros. Împărțiți peste fursecurile încă calde, lăsați să se răcească și să se întărească.

fursecuri cu cireșe

face 48

100 g / 4 oz / ½ cană unt sau margarină, înmuiată

100 g / 4 oz / ½ cană zahăr granulat (superfin)

1 ou bătut

5 ml / 1 lingurita esenta de vanilie (extract)

225 g / 8 uncii / 2 căni de făină (universal)

50 g / 2 oz / ¼ cană cireșe confiate (confiate), tocate

Bateți untul sau margarina și zahărul până devine ușor și pufos. Adăugați treptat oul și esența de vanilie, adăugați făina și cireșele și frământați într-un aluat neted. Formați o minge, înfășurați în folie alimentară (folie de plastic) și puneți la frigider pentru 1 oră.

Întindeți aluatul la 5 mm / ¼ grosime și tăiați-l în felii cu un tăietor de biscuiți. Se aranjează pe o tavă unsă (biscuiți) și se coace în cuptorul preîncălzit la 200°C / 400°F / marca gaz 6 timp de 10 minute până se rumenesc. Lăsați să se răcească pe tava de copt timp de 5 minute înainte de a transfera pe un grătar pentru a se răci.

Inele de cireşe şi migdale

face 24

100 g / 4 oz / ½ cană unt sau margarină, înmuiată

100 g / 4 oz / ½ cană zahăr granulat (superfin), plus zahăr suplimentar pentru stropire

1 ou, separat

225 g / 8 uncii / 2 căni de făină (universal)

5 ml/1 lingurita praf de copt

5 ml / 1 linguriță coajă de lămâie rasă

60 ml / 4 linguri cirese confiate (confiate)

50 g / 2 oz / ½ cană migdale tăiate felii

Bateți untul sau margarina și zahărul până devine ușor și pufos. Bateți treptat gălbenușul de ou, apoi adăugați făina, praful de copt, coaja de lămâie și cireșele, terminând cu mâinile până când amestecul se omogenizează bine. Se rulează la 5 mm / ¼ grosime și se taie 6 cm / 2" în rondele cu un tăietor de prăjituri, apoi se decupează centrele cu un tăietor de 2 cm / ¾ inch. Pune fursecurile bine despărțite pe o foaie de copt unsă și se înțeapă cu o furculiță. Se coace. la cuptorul preincalzit la 180°C / 350°F / gaz marca 4 timp de 10 minute. Ungeti cu albus si presarati migdalele si zaharul, apoi mai coaceti inca 5 minute pana se rumenesc.

prăjituri cu unt de ciocolată

face 24

100 g / 4 oz / ½ cană unt sau margarină

50 g / 2 oz / ¼ cană zahăr granulat (superfin)

100 g / 4 oz / 1 cană făină auto-crescătoare (cu drojdie)

30 ml / 2 linguri pudra de cacao (ciocolata neindulcita)

Bateți untul sau margarina și zahărul până devine ușor și pufos. Adaugati faina si cacao pana obtineti un amestec tare. Formați bile mari de mărimea unei nuci și puneți-le bine depărtate pe o tavă de copt unsă (biscuiți) și apăsați ușor cu o furculiță până la nivel. Coaceți biscuiții (biscuiții) într-un cuptor preîncălzit la 180°C/350°F/marcă de gaz 4 timp de 15 minute până se rumenesc.

Rulouri de ciocolată și cireșe

face 24

100 g / 4 oz / ½ cană unt sau margarină, înmuiată

100 g / 4 oz / ½ cană zahăr granulat (superfin)

1 ou

2,5 ml / ½ linguriță esență de vanilie (extract)

225 g / 8 uncii / 2 căni de făină (universal)

5 ml/1 lingurita praf de copt

Puțină sare

25 g / 1 oz / ¼ cană pudră de cacao (ciocolată neîndulcită)

25 g / 1 oz / 2 linguri cireșe confiate (confiate), tocate

Bateți untul și zahărul până devin ușor și pufos. Adaugam treptat oul si esenta de vanilie, amestecam faina, praful de copt si sarea intr-un aluat ferm. Împărțiți aluatul în jumătate și amestecați cacao în jumătate și cireșele în cealaltă jumătate. Înfășurați în folie de plastic (folie de plastic) și lăsați la frigider pentru 30 de minute.

Întindeți fiecare bucată de aluat într-un dreptunghi de aproximativ 3mm / 1/8 grosime, puneți una peste alta și apăsați ușor cu sucitorul. Rulați partea lungă și apăsați ușor. Tăiați felii de 1 cm/½ grosime și așezați-le bine depărtate pe o tavă unsă cu unt (biscuiți). Coaceți în cuptorul preîncălzit la 200 ° C / 400 ° F / marcajul de gaz 6 timp de 10 minute.

Prăjituri cu ciocolată

face 24

75 g / 3 oz / 1/3 cană unt sau margarină

175 g / 6 uncii / 1½ cani de făină (universal)

5 ml/1 lingurita praf de copt

Un praf de bicarbonat de sodiu (bicarbonat de sodiu)

50 g / 2 oz / ¼ cană zahăr brun moale

45 ml / 3 linguri sirop de aur (porumb ușor)

100 g / 4 oz / 1 cană chipsuri de ciocolată

Frecați untul sau margarina în făină, praf de copt și bicarbonat de sodiu până când amestecul seamănă cu pesmet. Adaugam zaharul, siropul si chipsurile de ciocolata si amestecam pana la o masa omogena. Formați bile mici și aranjați pe o foaie de copt unsă, apăsând ușor până la nivel. Coaceți biscuiții (biscuiții) într-un cuptor preîncălzit la 190°C / 375°F / marca de gaz 5 timp de 15 minute până când se rumenesc.

Prajituri cu ciocolata si banane

face 24

75 g / 3 oz / 1/3 cană unt sau margarină

175 g / 6 uncii / 1½ cani de făină (universal)

5 ml/1 lingurita praf de copt

2,5 ml / ½ linguriță bicarbonat de sodiu (bicarbonat de sodiu)

50 g / 2 oz / ¼ cană zahăr brun moale

45 ml / 3 linguri sirop de aur (porumb ușor)

50 g / 2 oz / ½ cană chipsuri de ciocolată

50 g / 2 oz / ½ cană chipsuri de banane uscate, tocate grosier

Frecați untul sau margarina în făină, praf de copt și bicarbonat de sodiu până când amestecul seamănă cu pesmet. Adăugați zahărul, siropul, chipsurile de ciocolată și banana și amestecați până când aluatul este omogen. Formați bile mici și aranjați pe o foaie de copt unsă, apăsând ușor până la nivel. Coaceți biscuiții (biscuiții) într-un cuptor preîncălzit la 190°C / 375°F / marca de gaz 5 timp de 15 minute până când se rumenesc.

Gustări cu ciocolată și nuci

face 24

50 g / 2 oz / ¼ cană unt sau margarină, moale

175 g / 6 oz / ¾ cană zahăr granulat (superfin)

1 ou

5 ml / 1 lingurita esenta de vanilie (extract)

25 g / 1 oz / ¼ cană ciocolată neagră (semidulce), topită

100 g / 4 oz / 1 cană de făină (universal)

5 ml/1 lingurita praf de copt

Puțină sare

30 ml / 2 linguri de lapte

25 g / 1 oz / ¼ cană nuci amestecate tocate

Zahăr pudră, cernut, pentru stropire

Bateți untul sau margarina și zahărul granulat până devine ușor și pufos. Adaugam treptat oul si esenta de vanilie si adaugam ciocolata. Se amestecă făina, drojdia și sarea și se amestecă alternativ cu laptele. Adaugam nucile, acoperim si dam la frigider pentru 3 ore.

Rulați amestecul în bile de 3 cm / 1½ și rulați-le în zahăr de cofetă. Puneți pe o tavă unsă ușor și coaceți în cuptorul preîncălzit la 180°C / 350°F / marcajul de gaz 4 timp de 15 minute până se rumenesc ușor. Se serveste presarata cu zahar pudra.

Biscuiți americani cu ciocolată

Sunt 20

225 g / 8 oz / 1 cană untură (grăsime)

225 g / 8 oz / 1 cană zahăr brun moale

100 g / 4 oz / ½ cană zahăr granulat

5 ml / 1 lingurita esenta de vanilie (extract)

2 oua, batute usor

175 g / 6 uncii / 1½ cani de făină (universal)

5 ml/1 lingurita sare

5 ml / 1 linguriță praf de copt (praf de copt)

225 g / 8 uncii / 2 căni de fulgi de ovăz

350 g / 12 oz / 3 cesti chipsuri de ciocolata

Se bat untura, zaharurile si esenta de vanilie pana devine usoara si pufoasa. Adăugați încet ouăle. Adăugați făina, sarea, bicarbonatul de sodiu și fulgii de ovăz și adăugați fulgii de ciocolată. Turnați amestecul pe tăvi de copt unse (biscuiți) și coaceți în cuptorul preîncălzit la 180°C/350°F/marcă de gaz 4 timp de aproximativ 10 minute până se rumenesc.

Creme de ciocolata

face 24

175 g / 6 oz / ¾ cană unt sau margarină, moale

175 g / 6 oz / ¾ cană zahăr granulat (superfin)

225 g / 8 uncii / 2 căni de făină auto-crescătoare (cu drojdie)

75 g / 3 oz / ¾ cană nucă de cocos deshidratată (răzuită)

100 g / 4 oz / 4 căni fulgi de porumb, zdrobiți

25 g / 1 oz / ¼ cană pudră de cacao (ciocolată neîndulcită)

60 ml / 4 linguri apă clocotită

100 g / 4 oz / 1 cană ciocolată neagră (semidulce)

Bateți untul sau margarina cu zahărul și adăugați făina, nuca de cocos și fulgii de porumb. Se amestecă cacao cu apa clocotită și se adaugă la amestec. Faceți biluțe de 2,5 cm/1, puneți-le pe o tavă unsă cu unt (biscuiți) și presați ușor cu o furculiță până sunt nivelate. Coaceți în cuptorul preîncălzit la 180 ° C / 350 ° F / marcajul de gaz 4 timp de 15 minute până când se rumenesc.

Topiți ciocolata într-un castron termorezistent peste o tigaie cu apă clocotită. Împărțiți jumătate din biscuiți (biscuiți) deasupra și puneți cealaltă jumătate deasupra. Lasa sa se raceasca.

Biscuiti cu fulgi de ciocolata si alune

face 16

200 g / 7 oz / puțin 1 cană unt sau margarină, înmuiată

50 g / 2 oz / ¼ cană zahăr granulat (superfin)

100 g / 4 oz / ½ cană zahăr brun moale

10 ml / 2 lingurițe esență de vanilie (extract)

1 ou bătut

275 g / 10 uncii / 2½ căni de făină (universal)

50 g / 2 oz / ½ cană pudră de cacao (ciocolată neîndulcită)

5 ml/1 lingurita praf de copt

75 g / 3 oz / ¾ cană alune de pădure

225 g / 8 oz / 2 cesti ciocolata alba, tocata

Bateți untul sau margarina, zaharurile și esența de vanilie până devin ușoare și pufoase și apoi adăugați oul. Adăugați făina, cacao și drojdia. Se amestecă nucile și ciocolata până când amestecul se oprește. Formați 16 bile și întindeți-le uniform pe o tavă de copt unsă și tapetată (biscuiți), apoi neteziți-le ușor cu dosul unei linguri. Coaceți într-un cuptor preîncălzit la 160°C/325°F/marca de gaz 3 timp de aproximativ 15 minute până când este fiert, dar încă ușor gata.

Prajituri cu ciocolata si nucsoara

face 24

50 g / 2 oz / ¼ cană unt sau margarină, moale

100 g / 4 oz / ½ cană zahăr granulat (superfin)

15 ml / 1 lingura pudra de cacao (ciocolata neindulcita).

1 galbenus de ou

2,5 ml / ½ linguriță esență de vanilie (extract)

150 g / 5 oz / 1¼ cani de faina (universal)

5 ml/1 lingurita praf de copt

Un praf de nucsoara rasa

60 ml / 4 linguri smantana (acid lactic)

Bateți untul sau margarina și zahărul până devine ușor și pufos. Se amestecă cacao. Adaugam galbenusul de ou si esenta de vanilie si adaugam faina, praful de copt si nucsoara. Se bate crema pana se omogenizeaza. Acoperiți și puneți la frigider.

Întindeți aluatul la 5 mm / ¼ grosime și tăiați-l cu un tăietor de 5 cm / 2 grosime. Așezați biscuiții (biscuițiii) pe o tavă de copt (biscuiți) neunsă și coaceți în cuptorul preîncălzit la 200°C / 400°F / marca gaz 6 timp de 10 minute până se rumenesc.

Fursecuri acoperite cu ciocolata

face 16

175 g / 6 oz / ¾ cană unt sau margarină, moale

75 g / 3 uncii / 1/3 cană zahăr granulat (superfin)

175 g / 6 uncii / 1½ cani de făină (universal)

50 g / 2 uncii / ½ cană de orez albit

75 g / 3 oz / ¾ cană chipsuri de ciocolată

100 g / 4 oz / 1 cană ciocolată neagră (semidulce)

Bateți untul sau margarina și zahărul până devine ușor și pufos. Adăugați făina și orezul măcinat și frământați fulgii de ciocolată. Apăsați într-o tavă elvețiană unsă (forma pentru rulouri de jeleu) și înțepați cu o furculiță. Coaceți într-un cuptor preîncălzit la 160°C / 325°F / marcajul de gaz 3 timp de 30 de minute până când se rumenesc. Marcați cu degetele cât este încă fierbinte și lăsați să se răcească complet.

Topiți ciocolata într-un castron termorezistent peste o tigaie cu apă clocotită. Întindeți peste biscuiți (biscuiți) și lăsați-i să se răcească și să se întărească înainte de a le tăia în degete. Depozitați într-un recipient etanș.

Prajituri cu cafea si sandvici de ciocolata

împlineşte 40 de ani

Pentru biscuiti (biscuiti):

175 g / 6 oz / ¾ cană unt sau margarină

25 g / 1 oz / 2 linguri untură (scurtare)

450 g / 1 lb / 4 căni de făină (universal)

Puțină sare

100 g / 4 oz / ½ cană zahăr brun moale

5 ml / 1 linguriță praf de copt (praf de copt)

60 ml / 4 linguri cafea neagra tare

5 ml / 1 lingurita esenta de vanilie (extract)

100 g / 4 oz / 1/3 cană sirop de aur (porumb uşor)

Pentru umplutura:

10 ml / 2 linguriţe pudră de cafea instant

10 ml / 2 lingurite apa clocotita

50 g / 2 oz / ¼ cană zahăr granulat (superfin)

25 g / 1 oz / 2 linguri unt sau margarină

15 ml/1 lingura de lapte

Pentru a face fursecurile, treceţi untul sau margarina şi untura în făină şi sare până când amestecul seamănă cu un pesmet, apoi adăugaţi zahărul brun. Amesteca sifonul cu putina cafea, apoi adauga restul de cafea, esenta de vanilie si siropul si bate pana obtii un aluat omogen. Se pune într-un castron uşor uns cu ulei, se acoperă cu folie de plastic (folia cu clips) şi se lasă peste noapte. Întindeţi aluatul pe o suprafaţă uşor înfăinată de aproximativ 1 cm / ½ grosime şi tăiaţi în dreptunghiuri de 2 x 7,5 cm / ¾ x 3.

Marcați fiecare cu o furculiță pentru a crea un model în dungi. Se pune pe o tava unsa cu unt (biscuiti) si se coace in cuptorul preincalzit la 200°C / 400°F / marca gaz 6 timp de 10 minute pana se rumenesc. Se lasa sa se raceasca pe un gratar.

Pentru a face umplutura, dizolvați zațul de cafea în apă clocotită într-o cratiță mică, adăugați ingredientele rămase și aduceți la fierbere. Se fierbe 2 minute, se ia de pe foc si se bate pana se ingroasa si se raceste. Sandvișează prăjiturile împreună cu umplutura.

prajituri de Craciun

face 24

100 g / 4 oz / ½ cană unt sau margarină, înmuiată

100 g / 4 oz / ½ cană zahăr granulat (superfin)

225 g / 8 uncii / 2 căni de făină (universal)

Puțină sare

5 ml/1 lingurita de scortisoara pudra

1 galbenus de ou

10 ml / 2 linguri de apă rece

Câteva picături de esență de vanilie (extract)

Pentru glazura (glazura):

225 g / 8 uncii / 11/3 căni de zahăr pudră (cofetarii), cernut

30 ml / 2 linguri de apă

Colorant alimentar (optional)

Bateți untul și zahărul până devin ușor și pufos. Adaugam faina, sarea si scortisoara, adaugam galbenusul, apa si esenta de vanilie si amestecam intr-un aluat ferm. Înfășurați în folie alimentară (folia de plastic) și puneți la frigider pentru 30 de minute.

Întindeți aluatul până la o grosime de 5 mm / ¼ și tăiați forme de Crăciun cu un tăietor de prăjituri sau cu un cuțit ascuțit. Faceți o gaură în partea de sus a fiecărei prăjituri dacă doriți să le atârnați de un copac. Așezați formele pe o tavă de copt unsă (biscuiți) și coaceți în cuptorul preîncălzit la 200°C / 400°F / marca gaz 6 timp de 10 minute până se rumenesc. Lasa sa se raceasca.

Pentru a face glazura amestecati treptat apa cu zaharul pudra pana obtineti o glazura foarte groasa. Dacă este necesar, vopsiți cantități mici în culori diferite. Puneți forme pe fursecuri și lăsați-le să se întărească. Treceți o buclă de panglică sau coaseți prin orificiul de agățat.

Fursecuri cu nucă de cocos

face 32

50 g / 2 oz / 3 linguri sirop de aur (porumb ușor)

150 g / 5 oz / 2/3 cană unt sau margarină

100 g / 4 oz / ½ cană zahăr granulat (superfin)

100 g / 4 oz / 1 cană de făină (universal)

75 g / 3 oz / ¾ cană fulgi de ovăz

50 g / 2 oz / ½ cană nucă de cocos deshidratată (răzuită)

10 ml / 2 lingurite bicarbonat de sodiu (bicarbonat de sodiu)

15 ml/1 lingura de apa fierbinte

Topiți siropul, untul sau margarina și zahărul împreună. Adaugati faina, ovazul si nuca de cocos rasa. Se amestecă bicarbonatul de sodiu cu apa fierbinte și se adaugă celelalte ingrediente. Lasam amestecul sa se raceasca usor, impartim in 32 de bucati si rulam fiecare intr-o bila. Aplatizați fursecurile (cookie-urile) și așezați-le pe tăvi de copt unse (cookie-uri). Coaceți într-un cuptor preîncălzit la 160°C / 325°F / marcajul de gaz 3 timp de 20 de minute până când se rumenesc.

Prajituri de porumb cu crema de fructe

face 12

150 g / 5 oz / 1¼ cani de făină universală (grâu integral)

150 g / 5 oz / 1¼ cani faina de porumb

10 ml / 2 linguri praf de copt

Puțină sare

225 g / 8 oz / 1 cană iaurt

75 g / 3 oz / ¼ cană miere limpede

2 oua

45 ml / 3 linguri ulei

Pentru crema de fructe:

150 g / 5 oz / 2/3 cană unt sau margarină, înmuiată

1 suc de lamaie

Câteva picături de esență de vanilie (extract)

30 ml / 2 linguri zahăr granulat (superfin)

Căpșuni 225 g

Se amestecă făina, mălaiul, drojdia și sarea. Adăugați iaurtul, mierea, ouăle și uleiul și amestecați până obțineți un aluat omogen. Se intinde pe o suprafata usor infainata la aproximativ 1 cm/½ grosime si se taie felii mari. Se pune pe o tava unsa cu unt (biscuiti) si se coace in cuptorul preincalzit la 200°C / 400°F / marca gaz 6 timp de 15 minute pana se rumenesc.

Pentru crema de fructe se bate untul sau margarina, sucul de lamaie, extractul de vanilie si zaharul. Rezervați câteva căpșuni pentru decor, bateți restul și treceți printr-o sită (sita) dacă preferați crema fără semințe. Amestecați amestecul de unt și puneți la frigider. Înainte de servire, puneți o lingură sau un tub de smântână pe fiecare prăjitură.

Biscuiți din Cornish

Sunt 20

225 g / 8 uncii / 2 căni de făină auto-crescătoare (cu drojdie)

Puțină sare

100 g / 4 oz / ½ cană unt sau margarină

175 g / 6 oz / 2/3 cană zahăr granulat (superfin)

1 ou

Zahăr pudră, cernut, pentru stropire

Se amestecă făina și sarea într-un castron și se scufundă în unt sau margarină până când amestecul seamănă cu pesmet. Adăugați zahărul. Adăugați oul și frământați până obțineți un aluat moale. Se intinde pe o suprafata usor infainata si se taie felii.

Puneți-le pe o tavă unsă cu uns și coaceți în cuptorul preîncălzit la 200°C / 400°F / marcajul de gaz 6 timp de aproximativ 10 minute până se rumenesc.

Prajituri cu fructe de padure intregi

face 36

100 g / 4 oz / ½ cană unt sau margarină, înmuiată

50 g / 2 oz / ¼ cană zahăr demerara

2 ouă separate

100 g / 4 oz / 2/3 cesti coacaze

225 g / 8 uncii / 2 căni de făină universală (grâu integral)

100 g / 4 oz / 1 cană de făină (universal)

5 ml / 1 linguriță condimente măcinate (plăcintă cu mere)

150 ml / ¼ pct / 2/3 cană lapte, plus suplimentar pentru periaj

Bateți untul sau margarina și zahărul până devine ușor și pufos. Se adauga galbenusurile si se adauga coacazele. Amestecați făina și ierburile și amestecați acest lucru cu laptele în amestec. Bate albusurile spuma pana formeaza varfuri moi si apoi pliaza-le in amestec pentru a forma un aluat moale. Întindeți aluatul pe o suprafață ușor înfăinată și tăiați cu un cuțit de 5 cm / 2. Se aseaza pe o tava unsa cu unt si se unge cu lapte. Coaceți în cuptorul preîncălzit la 180 ° C / 350 ° F / marcajul de gaz 4 timp de 20 de minute până când se rumenesc.

Prajituri de tip sandwich cu curmale

face 30

225 g / 8 oz / 1 cană unt sau margarină, înmuiată

450 g / 1 lb / 2 căni de zahăr brun moale

225 g / 8 uncii / 2 căni de ovăz

225 g / 8 uncii / 2 căni de făină (universal)

2,5 ml / ½ linguriță bicarbonat de sodiu (bicarbonat de sodiu)

Puțină sare

120 ml / 4 fl oz / ½ cană lapte

225 g / 8 oz / 2 căni curmale fără sâmburi (sâmbure), tocate foarte fin

250 ml / 8 fl oz / 1 cană apă

Bateți untul sau margarina și jumătate din zahăr până devine ușor și pufos. Se amestecă ingredientele uscate și se adaugă la smântână alternativ cu laptele pentru a forma un aluat ferm. Se intinde pe o plansa usor infainata si se taie felii cu ajutorul unui taietor. Se pune pe o tava unsa cu unt si se coace in cuptorul preincalzit la 180°C / 350°F / marcajul de gaz 4 timp de 10 minute pana se rumenesc.

Puneți toate celelalte ingrediente într-o tigaie și aduceți la fierbere. Reduceți focul și gătiți timp de 20 de minute până se îngroașă, amestecând din când în când. Lasa sa se raceasca. Sandvișează prăjiturile împreună cu umplutura.

Biscuiti digestivi (Biscuiti Graham)

face 24

175 g / 6 oz / 1½ cani de făină universală (grâu integral)

50 g / 2 oz / ½ cană făină (universal)

50 g / 2 oz / ½ cană de ovăz mediu

2,5 ml / ½ linguriță sare

5 ml/1 lingurita praf de copt

100 g / 4 oz / ½ cană unt sau margarină

30 ml / 2 linguri zahăr brun moale

60 ml / 4 linguri de lapte

Amestecam faina, ovazul, sarea si praful de copt, trecem prin unt sau margarina si adaugam zaharul. Adăugați treptat laptele şi amestecați până obțineți un aluat moale. Se framanta bine pana nu mai devine lipicios. Se rulează până la 5 mm / ¼ grosime şi se taie 5 cm / 2 rondele cu un tăietor de prăjituri. Puneți-le pe o tavă unsă cu uns şi coaceți în cuptorul preîncălzit la 180°C / 350°F / marcajul de gaz 4 pentru aproximativ 15 minute.

Prajituri de Paste

Sunt 20

75 g / 3 oz / 1/3 cană unt sau margarină, moale

100 g / 4 oz / ½ cană zahăr granulat (superfin)

1 galbenus de ou

150 g / 6 oz / 1½ cană făină auto-crescătoare (cu drojdie)

5 ml / 1 linguriță condimente măcinate (plăcintă cu mere)

15 ml / 1 lingura coji amestecate tocate (confiate)

50 g / 2 oz / 1/3 cană coacăze negre

15 ml/1 lingura de lapte

Zahăr rafinat (superfin) pentru stropire

Bateți untul sau margarina și zahărul până devine pufoasă. Se adauga galbenusul, se adauga faina si ierburile amestecate. Se amestecă crusta și coacăzele cu suficient lapte pentru a forma un aluat ferm. Se rulează până la 5 mm / ¼ grosime și se taie în 5 cm / 2 felii cu un tăietor de prăjituri. Pune fursecurile pe o tava unsa cu unt si intepa-le cu o furculita. Coaceți în cuptorul preîncălzit la 180°C/350°F/marca de gaz 4 timp de aproximativ 20 de minute până când se rumenesc. Se presară cu zahăr.

florentini

împlinește 40 de ani

100 g / 4 oz / ½ cană unt sau margarină

100 g / 4 oz / ½ cană zahăr granulat (superfin)

15 ml / 1 lingura frisca (grea)

100 g / 4 oz / 1 cană nuci amestecate tocate

75 g / 3 oz / ½ cană sultane (stafide aurii)

50 g / 2 oz / ¼ cană cireșe glacé (confiate)

Topiți untul sau margarina, zahărul și smântâna într-o tigaie și aduceți la fierbere. Luați de pe foc și adăugați nucile, sultanele și cireșele. Pune lingurițele, bine depărtate, pe tăvi de copt unse cu hârtie de orez. Coaceți în cuptorul preîncălzit la 180°C / 350°F / marcajul de gaz 4 timp de 10 minute. Lăsați să se răcească pe foile de copt timp de 5 minute, apoi transferați pe un grătar pentru a se răci, tăind orice exces de hârtie de orez.

florentini de ciocolată

împlineşte 40 de ani

100 g / 4 oz / ½ cană unt sau margarină

100 g / 4 oz / ½ cană zahăr granulat (superfin)

15 ml / 1 lingura frisca (grea)

100 g / 4 oz / 1 cană nuci amestecate tocate

75 g / 3 oz / ½ cană sultane (stafide aurii)

50 g / 2 oz / ¼ cană cireşe glacé (confiate)

100 g / 4 oz / 1 cană ciocolată neagră (semidulce)

Topiţi untul sau margarina, zahărul şi smântâna într-o tigaie şi aduceţi la fierbere. Luaţi de pe foc şi adăugaţi nucile, sultanele şi cireşele. Pune linguriţele, bine depărtate, pe tăvi de copt unse cu hârtie de orez. Coaceţi în cuptorul preîncălzit la 180°C / 350°F / marcajul de gaz 4 timp de 10 minute. Lăsaţi să se răcească pe foile de copt timp de 5 minute, apoi transferaţi pe un grătar pentru a se răci, tăind orice exces de hârtie de orez.

Topiţi ciocolata într-un castron termorezistent peste o tigaie cu apă clocotită. Împărţiţi peste biscuiţi (biscuiţi) şi lăsaţi să se răcească şi să se întărească.

Florentini de ciocolată de lux

împlineşte 40 de ani

100 g / 4 oz / ½ cană unt sau margarină

100 g / 4 oz / ½ cană zahăr brun moale

15 ml / 1 lingura frisca (grea)

50 g migdale, tocate

50 g / 2 oz / ¼ cană alune de pădure, tocate

75 g / 3 oz / ½ cană sultane (stafide aurii)

50 g / 2 oz / ¼ cană cireşe glacé (confiate)

100 g / 4 oz / 1 cană ciocolată neagră (semidulce)

50 g / 2 oz / ½ cană ciocolată albă

Topiți untul sau margarina, zahărul şi smântâna într-o tigaie şi aduceți la fierbere. Luați de pe foc şi adăugați nucile, sultanele şi cireşele. Pune linguriţele, bine depărtate, pe tăvi de copt unse cu hârtie de orez. Coaceți în cuptorul preîncălzit la 180°C / 350°F / marcajul de gaz 4 timp de 10 minute. Lăsați să se răcească pe foile de copt timp de 5 minute, apoi transferați pe un grătar pentru a se răci, tăind orice exces de hârtie de orez.

Topiți ciocolata neagră într-un castron rezistent la căldură peste o tigaie cu apă clocotită. Împărțiți peste biscuiți (biscuiți) şi lăsați să se răcească şi să se întărească. Topiți ciocolata albă în acelaşi mod într-un castron curat, apoi întindeți linii de ciocolată albă într-un model aleator peste fursecuri.

Biscuiți cu nuci fudge

face 30

75 g / 3 oz / 1/3 cană unt sau margarină, moale

200 g / 7 oz / puțin 1 cană zahăr granulat (superfin)

1 ou, batut usor

100 g / 4 oz / ½ cană brânză de vaci

5 ml / 1 lingurita esenta de vanilie (extract)

150 g / 5 oz / 1¼ cani de faina (universal)

25 g / 1 oz / ¼ cană pudră de cacao (ciocolată neîndulcită)

2,5 ml / ½ linguriță praf de copt

1,5 ml / ¼ lingurita de bicarbonat de sodiu (bicarbonat de sodiu)

Puțină sare

25 g / 1 oz / ¼ cană nuci amestecate tocate

25 g / 1 oz / 2 linguri zahăr granulat

Bateți untul sau margarina și zahărul granulat până devine ușor și pufos. Amestecați treptat oul și brânza de vaci. Adăugați ingredientele rămase, cu excepția zahărului granulat, și bateți până se omogenizează. Înfășurați în folie de plastic (folie de plastic) și lăsați la frigider timp de 1 oră.

Rulați aluatul în bile de mărimea unei nuci și rulați-le în zahăr granulat. Așezați biscuiții (biscuiții) pe o tavă unsă (biscuiți) și coaceți în cuptorul preîncălzit la 180°C / 350°F / marca gaz 4 timp de 10 minute.

Fursecuri germane cu inghetata

face 12

50 g / 2 oz / ¼ cană unt sau margarină

100 g / 4 oz / 1 cană de făină (universal)

25 g / 1 oz / 2 linguri zahăr granulat (superfin)

60 ml / 4 linguri gem de mure (conservă)

100 g / 4 oz / 2/3 cană zahăr de cofetarie, cernut

15 ml/1 lingura suc de lamaie

Frecați untul în făină până când amestecul seamănă cu pesmet. Adăugați zahărul și apăsați până se formează o pastă. Se rulează până la 5 mm / ¼ grosime și se taie felii cu un tăietor de prăjituri. Puneți-le pe o tavă de copt unsă (biscuiți) și coaceți în cuptorul preîncălzit la 180°C / 350°F/gaz 6 timp de 10 minute până se răcește. Lasa sa se raceasca.

Sandvișul îmbină prăjiturile împreună cu dulceața. Puneți zahărul pudră într-un castron și faceți o adâncitură în centru. Amestecați treptat sucul de lămâie pentru a face o glazură. Se presară peste fursecuri și se lasă să se odihnească.

ghimbir

face 24

300 g / 10 oz / 1¼ cani unt sau margarină, înmuiată

225 g / 8 oz / 1 cană zahăr brun moale

75 g / 3 oz / ¼ cană melasă neagră (melasă)

1 ou

250 g / 9 uncii / 2¼ cani de făină (universal)

10 ml / 2 lingurite bicarbonat de sodiu (bicarbonat de sodiu)

2,5 ml / ½ linguriță sare

5 ml / 1 linguriță pudră de ghimbir

5 ml/1 linguriță cuișoare măcinate

5 ml/1 lingurita de scortisoara pudra

50 g / 2 oz / ¼ cană zahăr granulat

Bateți untul sau margarina, zahărul brun, melasa și oul până devine cremos. Se amestecă făina, bicarbonatul de sodiu, sarea și condimentele. Adăugați untul și amestecați până obțineți un aluat tare. Acoperiți și lăsați la frigider pentru 1 oră.

Formați aluatul în bile mici și rulați-le în zahăr granulat. Asezati-le bine separate pe o tava unsa cu unt si stropiti cu putina apa. Coaceți în cuptorul preîncălzit la 190°C/375°F/gaz 5 timp de 12 minute până când devine auriu și crocant.

Biscuiti cu ghimbir

face 24

100 g / 4 oz / ½ cană unt sau margarină

225 g / 8 uncii / 2 căni de făină auto-crescătoare (cu drojdie)

5 ml / 1 linguriță praf de copt (praf de copt)

5 ml / 1 linguriță pudră de ghimbir

100 g / 4 oz / ½ cană zahăr granulat (superfin)

45 ml / 3 linguri de sirop de aur (porumb ușor), încălzit

Frecați untul sau margarina în făină, bicarbonat de sodiu și ghimbir. Adăugați zahărul, amestecați siropul și bateți într-un aluat ferm. Rulați-le în bile de mărimea unei nuci, așezați-le bine depărtate pe o tavă de copt unsă (biscuiți) și apăsați ușor cu o furculiță până se nivelează. Coaceți biscuiții (biscuiții) într-un cuptor preîncălzit la 190°C / 375°F / marca de gaz 5 timp de 10 minute.

Gingerbreat Men

Face aproximativ 16

350 g / 12 oz / 3 căni de făină auto-crescătoare

Puțină sare

10 ml / 2 lingurițe pudră de ghimbir

100 g / 4 oz / 1/3 cană sirop de aur (porumb ușor)

75 g / 3 oz / 1/3 cană unt sau margarină

25 g / 1 oz / 2 linguri zahăr granulat (superfin)

1 ou, batut usor

Unele coacăze (opțional)

Se amestecă făina, sarea și ghimbirul. Topiți siropul, untul sau margarina și zahărul într-o tigaie. Lasam sa se raceasca putin, apoi batem ingredientele uscate cu oul si batem pana obtinem un aluat tare. Se intinde pe o suprafata usor infainata pana la 5 mm / ¼ de grosime si se taie cu forme de biscuiti. Numărul pe care îl puteți face depinde de dimensiunea tăietorilor dvs. Puneți pe o foaie de copt unsă ușor (biscuiți) și, dacă doriți, apăsați ușor coacăzele în fursecuri (biscuiți) pentru ochi și nasturi. Coaceți într-un cuptor preîncălzit la 180°C/350°F/marca de gaz 4 timp de 15 minute până când devine maro auriu și ferm la atingere.

Fursecuri din turtă dulce din grâu integral

face 24

200 g / 7 uncii / 1¾ cani de făină universală (grâu integral)

10 ml / 2 linguri praf de copt

10 ml / 2 linguriţe pudră de ghimbir

100 g / 4 oz / ½ cană unt sau margarină

50 g / 2 oz / ¼ cană zahăr brun moale

60 ml / 4 linguri miere limpede

Se amestecă făina, drojdia şi ghimbirul. Topiţi untul sau margarina cu zahărul şi mierea, amestecaţi cu ingredientele uscate şi bateţi într-un aluat ferm. Se intinde pe o suprafata de lucru infainata si se taie felii cu ajutorul unui taietor de biscuiti. Se pune pe o tava unsa cu unt si se coace in cuptorul preincalzit la 190°C / 375°F / marca 5 timp de 12 minute pana devine maro auriu si crocant.

Biscuiti cu ghimbir si orez

face 12

225 g / 8 uncii / 2 căni de făină (universal)

2,5 ml / ½ linguriță măr zdrobit

10 ml / 2 lingurițe pudră de ghimbir

75 g / 3 oz / 1/3 cană unt sau margarină

175 g / 6 oz / ¾ cană zahăr granulat (superfin)

1 ou bătut

5 ml/1 lingurita suc de lamaie

30 ml / 2 linguri de orez măcinat

Se amestecă făina și condimentele, se introduc untul sau margarina până când amestecul seamănă cu pesmet și se adaugă zahărul. Se amestecă oul și sucul de lămâie într-un aluat ferm și se frământă ușor într-un aluat fin. Se presara o suprafata de lucru cu orezul macinat si se intinde aluatul la o grosime de 1 cm. Tăiați în felii de 5 cm/2 cu ajutorul unui tăietor de biscuiți. Așezați pe o tavă unsă (biscuiți) și coaceți în cuptorul preîncălzit la 180°C / 350°F / marcajul de gaz 4 timp de 20 de minute până când sunt fermi la atingere.

prăjituri aurii

face 36

75 g / 3 oz / 1/3 cană unt sau margarină, moale

200 g / 7 oz / puțin 1 cană zahăr granulat (superfin)

2 oua, batute usor

225 g / 8 uncii / 2 căni de făină (universal)

10 ml / 2 linguri praf de copt

5 ml/1 lingurita nucsoara rasa

Puțină sare

Ou sau lapte pentru glazurare

Zahăr rafinat (superfin) pentru stropire

Bateți untul sau margarina și zahărul până devine pufoasă. Amestecați treptat ouăle, apoi adăugați făina, praful de copt, nucșoara și sarea și amestecați până obțineți un aluat moale. Acoperiți și lăsați să se odihnească timp de 30 de minute.

Întindeți aluatul pe o suprafață ușor înfăinată de aproximativ 5 mm / ¼ de grosime și tăiați rondele cu ajutorul unei tăieturi. Se aseaza pe o tava unsa cu unt, se unge cu ou batut sau lapte si se presara zahar. Coaceți în cuptorul preîncălzit la 200°C / 400°F / Gas Mark 6 timp de 8-10 minute până când se rumenesc.

Fursecuri cu alune

face 24

100 g / 4 oz / ½ cană unt sau margarină, înmuiată

50 g / 2 oz / ¼ cană zahăr granulat (superfin)

100 g / 4 oz / 1 cană de făină (universal)

25 g / 1 oz / ¼ cană alune măcinate

Bateți untul sau margarina și zahărul până devine ușor și pufos. Adaugati treptat faina si nucile pana obtineti un aluat ferm. Faceți bile mici și așezați-le bine separate pe o tavă unsă (cookie). Coaceți biscuiții (biscuiții) într-un cuptor preîncălzit la 180°C / 350°F / marca de gaz 4 timp de 20 de minute.

Prajituri crocante cu alune

împlinește 40 de ani

100 g / 4 oz / ½ cană unt sau margarină, înmuiată

100 g / 4 oz / ½ cană zahăr granulat (superfin)

1 ou bătut

5 ml / 1 lingurita esenta de vanilie (extract)

175 g / 6 uncii / 1½ cani de făină (universal)

50 g / 2 oz / ½ cană alune măcinate

50 g / 2 oz / ½ cană alune de pădure, tocate

Bateți untul sau margarina și zahărul până devine ușor și pufos. Se bat treptat oul si esenta de vanilie, se adauga faina, alunele si alunele macinate si se framanta intr-un aluat. Formați o minge, înfășurați în folie alimentară (folie de plastic) și puneți la frigider pentru 1 oră.

Întindeți aluatul la 5 mm / ¼ grosime și tăiați-l în felii cu un tăietor de biscuiți. Se aranjează pe o tavă unsă (biscuiți) și se coace în cuptorul preîncălzit la 200°C / 400°F / marca gaz 6 timp de 10 minute până se rumenesc.

Fursecuri cu alune si migdale

face 24

100 g / 4 oz / ½ cană unt sau margarină, înmuiată

75 g / 3 oz / ½ cană zahăr de cofetă (zahăr pudră), cernut

50 g / 2 oz / 1/3 cană alune măcinate

50 g / 2 oz / 1/3 cană migdale măcinate

100 g / 4 oz / 1 cană de făină (universal)

5 ml / 1 lingurita esenta de migdale (extract)

Puțină sare

Bateți untul sau margarina și zahărul până devine ușor și pufos. Se amestecă ingredientele rămase într-un aluat ferm. Se formează o minge, se acoperă cu folie de plastic și se dă la frigider pentru 30 de minute.

Întindeți aluatul la aproximativ 1 cm / ½ grosime și tăiați-l în felii cu un tăietor de prăjituri. Se pune pe o tava unsa cu unt (biscuiti) si se coace in cuptorul preincalzit la 180°C/350°F/gaz 4 timp de 15 minute pana se rumenesc.

fursecuri cu miere

face 24

75 g / 3 oz / 1/3 cană unt sau margarină

100 g / 4 oz / 1/3 cană set de miere

225 g / 8 uncii / 2 căni de făină universală (grâu integral)

5 ml/1 lingurita praf de copt

Puțină sare

50 g / 2 oz / ¼ cană zahăr muscovado

5 ml/1 lingurita de scortisoara pudra

1 ou, batut usor

Topiți untul sau margarina și mierea până se combină bine. Adăugați ingredientele rămase. Întindeți bine amestecul pe o tavă unsă cu unsoare (biscuiți) și coaceți în cuptorul preîncălzit la 180°C / 350°F/marca de gaz 4 timp de 15 minute până se rumenesc. Lăsați să se răcească timp de 5 minute înainte de a transfera pe un grătar pentru a se răci.

ratafie de miere

face 24

2 albusuri

100 g / 4 oz / 1 cană migdale măcinate

Câteva picături de esență de migdale (extract)

100 g / 4 oz / 1/3 cană miere limpede

Hartie de orez

Bate albusurile spuma pana se taie. Incorporati usor migdalele, esenta de migdale si mierea. Puneți linguri de amestec bine depărtate pe tăvi de copt tapetate cu hârtie de orez și coaceți în cuptorul preîncălzit la 180°C / 350°F / marcajul de gaz 4 timp de 15 minute până se rumenesc. Se lasa putin sa se raceasca si se rupe hartia pentru a o scoate.

Biscuiți cu miere și zară

face 12

50 g / 2 oz / ¼ cană unt sau margarină

225 g / 8 uncii / 2 căni de făină auto-crescătoare (cu drojdie)

175 ml / 6 fl oz / ¾ cană lapte de unt

45 ml / 3 linguri miere limpede

Frecați untul sau margarina în făină până când amestecul seamănă cu pesmet. Adăugați zara și mierea și amestecați până obțineți un aluat tare. Se aseaza pe o suprafata usor infainata si se framanta pana se omogenizeaza, apoi se intinde la 2 cm / ¾ grosime si se taie 5 cm / 2 rotunde cu un taietor de biscuiti. Puneți-le pe o tavă de copt unsă (biscuiți) și coaceți în cuptorul preîncălzit la 230°C / 450°F / marca gaz 8 timp de 10 minute până se rumenesc.

prăjituri cu unt de lămâie

Sunt 20

100 g / 4 oz / 1 cană orez albit

100 g / 4 oz / 1 cană de făină (universal)

75 g / 3 uncii / 1/3 cană zahăr granulat (superfin)

Puțină sare

2,5 ml / ½ linguriță praf de copt

100 g / 4 oz / ½ cană unt sau margarină

coaja rasa a 1 lamaie

1 ou bătut

Se amestecă orezul măcinat, făina, zahărul, sarea și drojdia. Se bate untul până când amestecul seamănă cu un pesmet. Adăugați coaja de lămâie și amestecați cu suficient ou pentru a forma un aluat tare. Se framanta cu grija, se intinde pe o suprafata de lucru infainata si se taie forme cu ajutorul unui cutter. Se aseaza pe o tava de copt unsa (biscuiti) si se coace 30 de minute in cuptorul preincalzit la 180°C / 350°F / marcaj de gaz 4. Se lasa sa se raceasca putin pe tava si se aseaza pe un gratar sa se raceasca complet.

fursecuri cu lamaie

face 24

100 g / 4 oz / ½ cană unt sau margarină

100 g / 4 oz / ½ cană zahăr granulat (superfin)

1 ou, batut usor

225 g / 8 uncii / 2 căni de făină (universal)

5 ml/1 lingurita praf de copt

coaja rasă de ½ lămâie

5 ml/1 lingurita suc de lamaie

30 ml / 2 linguri zahar demerara

Topiți untul sau margarina și zahărul tos la foc mic, amestecând continuu, până când amestecul începe să se îngroașe. Luați de pe foc și adăugați oul, făina, drojdia, coaja de lămâie și sucul și amestecați până obțineți un aluat. Acoperiți și lăsați la frigider pentru 30 de minute.

Formați bile mici din aluat și puneți-le cu o furculiță pe o tavă unsă cu unt. Se presara cu zahar demerara. Coaceți în cuptorul preîncălzit la 180°C / 350°F / marcajul de gaz 4 timp de 15 minute.

momente fierbinți

face 16

100 g / 4 oz / ½ cană unt sau margarină, înmuiată

75 g / 3 uncii / 1/3 cană zahăr granulat (superfin)

1 ou bătut

150 g / 5 oz / 1¼ cani de faina (universal)

10 ml / 2 linguri praf de copt

Puțină sare

8 cireșe (confiate), tăiate la jumătate

Bateți untul sau margarina și zahărul până devine ușor și pufos. Adaugam treptat oul si adaugam faina, praful de copt si sarea. Frământați ușor până obțineți un aluat neted. Formați aluatul în 16 bile de dimensiuni egale și așezați-le bine depărtate pe o tavă de copt unsă (cookie). Aplatizați ușor și acoperiți fiecare cu o jumătate de cireș. Coaceți în cuptorul preîncălzit la 180°C / 350°F / marcajul de gaz 4 timp de 15 minute. Se lasa sa se raceasca pe tava pentru copt timp de 5 minute si apoi se transfera pe un gratar sa se raceasca.

Fursecuri cu musli

face 24

100 g / 4 oz / ½ cană unt sau margarină

100 g / 4 oz / 1/3 cană miere limpede

75 g / 3 oz / 1/3 cană zahăr brun moale

100 g / 4 oz / 1 cană făină universală (grâu integral)

100 g / 4 oz / 1 cană fulgi de ovăz

50 g / 2 oz / 1/3 cană stafide

50 g / 2 oz / 1/3 cană sultane (stafide aurii)

50 g / 2 oz / 1/3 cană curmale fără sâmburi, tocate

50 g / 2 oz / 1/3 cana caise uscate gata de consumat, tocate

25 g / 1 oz / ¼ cană nuci, tocate

25 g / 1 oz / ¼ cană alune de pădure, tocate

Topiți untul sau margarina cu mierea și zahărul. Adăugați ingredientele rămase și bateți până obțineți un aluat tare. Așezați lingurițele pe o tavă unsă cu unt și aplatizați-le. Coaceți biscuiții (biscuiții) într-un cuptor preîncălzit la 180°C/350°F/marcă de gaz 4 timp de 20 de minute până se rumenesc.

Biscuiti cu nuci

face 24

350 g / 12 oz / 1½ cani unt sau margarină, înmuiată

350 g / 12 oz / 1½ cană zahăr granulat (superfin)

5 ml / 1 lingurita esenta de vanilie (extract)

350 g / 12 oz / 3 căni de făină (toate scopuri)

5 ml / 1 linguriță praf de copt (praf de copt)

100 g / 4 oz / 1 cană nuci amestecate tocate

Bateți untul sau margarina și zahărul până devine ușor și pufos. Adăugați ingredientele rămase și amestecați până se omogenizează bine. Se formează două rulouri lungi, se acoperă și se dă la frigider timp de 30 de minute până se întărește.

Tăiați rulourile în felii de 5 mm / ¼ și așezați-le pe o tavă de copt unsă (biscuiți). Coaceți biscuiții (biscuiții) într-un cuptor preîncălzit la 180°C/350°F/gaz 4 timp de 10 minute până se rumenesc ușor.

Biscuiți crocanți cu nuci

face 30

100 g / 4 oz / ½ cană zahăr brun moale

1 ou bătut

5 ml / 1 lingurita esenta de vanilie (extract)

45 ml / 3 linguri făină (universal)

100 g / 4 oz / 1 cană nuci amestecate tocate

Bateți zahărul cu oul și esența de vanilie și adăugați făina și nucile. Puneți linguri mici pe o tavă de copt unsă și unsă cu făină și aplatizați ușor cu o furculiță. Coaceți biscuiții (biscuiții) într-un cuptor preîncălzit la 190°C / 375°F / marca de gaz 5 timp de 10 minute.

Biscuiți crocanți cu nuci și scorțișoară

face 24

100 g / 4 oz / ½ cană unt sau margarină, înmuiată

100 g / 4 oz / ½ cană zahăr granulat (superfin)

1 ou, batut usor

2,5 ml / ½ linguriță esență de vanilie (extract)

175 g / 6 uncii / 1½ cani de făină (universal)

2,5 ml / ½ linguriță de scorțișoară măcinată

2,5 ml / ½ linguriță bicarbonat de sodiu (bicarbonat de sodiu)

100 g / 4 oz / 1 cană nuci amestecate tocate

Bateți untul sau margarina și zahărul până devine pufoasă. Adăugați treptat 60 ml/4 linguri de ou și esență de vanilie. Adaugati faina, scortisoara, bicarbonatul de sodiu si jumatate din nuca. Presă într-o tavă elvețiană unsă și tapetată (forma pentru rulouri de jeleu). Ungeți cu oul rămas și stropiți cu nucile rămase și apăsați ușor. Coaceți biscuiții (biscuiții) într-un cuptor preîncălzit la 180°C/350°F/marcă de gaz 4 timp de 20 de minute până se rumenesc. Se lasa sa se raceasca in tava inainte de a taia fasii.

Mousse de căpșuni Gâteau

Face un tort de 23 cm / 9 cm

Pentru tort:

100 g / 4 oz / 1 cană făină auto-crescătoare (cu drojdie)

100 g / 4 oz / ½ cană unt sau margarină, înmuiată

100 g / 4 oz / ½ cană zahăr granulat (superfin)

2 oua

Pentru mousse:

15 ml / 1 lingură pudră de gelatină

30 ml / 2 linguri de apă

450 g/1 lb căpșuni

3 ouă, separate

75 g / 3 uncii / 1/3 cană zahăr granulat (superfin)

5 ml/1 lingurita suc de lamaie

300 ml / ½ pt / 1¼ cani frisca (grea)

30 ml / 2 linguri fulgi de migdale (tocate), prajite usor

Bateți ingredientele pentru tort până se omogenizează. Se toarnă într-o tavă unsă și tapetată de 23 cm/9 într-o formă (tavă de copt) și se coace în cuptorul preîncălzit la 190°C/375°F/marca gaz 5 timp de 25 de minute până devine maro auriu și ferm la atingere. Scoateți din matriță și lăsați să se răcească.

Pentru a face mousse, presara gelatina peste apa intr-un bol si lasa pana devine spongiosa. Pune vasul într-o tigaie cu apă fierbinte și lasă-l să se dizolve. Se lasa sa se raceasca putin. Intre timp, batem 350 g de capsuni si trecem printr-o sita pentru a arunca semintele. Bateți gălbenușurile și zahărul până când devine palid și gros, iar amestecul alunecă de pe tel în fâșii. Adăugați piureul, sucul de lămâie și gelatina. Bateți frișca până se întărește și apoi pliați jumătate din ea în amestec. Bateți albușurile spumă cu un tel curat până se întăresc și amestecați-le în amestec.

Taiati buretele in jumatate pe orizontala si asezati jumatate pe fundul unei forme curate de tort (tava de copt) tapetata cu folie de plastic (clip wrap). Tăiați căpșunile rămase în bucăți și împărțiți-le peste pandișpan, acoperiți-le cu smântâna aromată și la final al doilea strat de prăjitură. Apăsați ușor. Se da la rece până se întărește.

Pentru a servi, răsturnați gâteau-ul pe o farfurie de servire și îndepărtați folia alimentară (folia de plastic). Se decoreaza cu restul de crema si se decoreaza cu migdale.

Jurnal de Crăciun

a face o

3 oua

100 g / 4 oz / ½ cană zahăr granulat (superfin)

100 g / 4 oz / 1 cană de făină (universal)

50 g / 2 oz / ½ cană ciocolată neagră (semidulce), rasă

15 ml/1 lingura de apa fierbinte

Zahăr rafinat (superfin) pentru laminare

Pentru glazura (glazura):

175 g / 6 oz / ¾ cană unt sau margarină, moale

350 g / 12 oz / 2 căni de zahăr pudră, cernut

30 ml / 2 linguri de apă caldă

30 ml / 2 linguri pudră de cacao (ciocolată fără zahăr) Pentru decorare:

Frunze de ilfin și sturz (opțional)

Bateți ouăle cu zahărul într-un vas termorezistent pus peste o tigaie cu apă clocotită. Continuați să bateți până când amestecul devine ferm și apoi slăbiți batătorul în fâșii. Se ia de pe foc si se bate pana se raceste. Îndoiți făina în jumătate, apoi ciocolata, restul de făină și adăugați apa. Transferați într-o tavă elvețiană unsă și tapetată (tavă cu gelatină) și coaceți în cuptorul preîncălzit la 220°C / 425°F / gaz 7 timp de aproximativ 10 minute până când sunt fermi la atingere. Se presară o foaie mare de hârtie de pergament (unsă) cu zahăr granulat. Întoarceți tortul și puneți-l pe hârtie și tăiați marginile. Acoperiți cu o altă foaie de hârtie și rulați-o ușor pe partea scurtă.

Pentru topping se bate untul sau margarina cu zaharul pudra si se adauga apa si cacao. Desfacem prajitura racita, scoatem hartia si intindem jumatate de cireasa pe tort. Rulați din nou și acoperiți cu glazura rămasă, punctând cu o furculiță pentru a arăta ca un buștean. Cerneți niște zahăr pudră peste el și decorați după cum doriți.

Tort cu glugă de Paște

Face un tort de 20 cm / 8 cm

75 g / 3 oz / 1/3 cană zahăr muscovado

3 oua

75 g / 3 uncii / ¾ cană făină auto-crescătoare (cu drojdie)

15 ml / 1 lingura pudra de cacao (ciocolata neindulcita).

15 ml/1 lingură de apă caldă

Pentru umplutura:
50 g / 2 oz / ¼ cană unt sau margarină, moale

75 g / 3 oz / ½ cană zahăr de cofetă (zahăr pudră), cernut

Până la acoperiș:
100 g / 4 oz / 1 cană ciocolată neagră (semidulce)

25 g / 1 oz / 2 linguri unt sau margarină

Panglică sau flori de zahăr (opțional)

Bateți zahărul și ouăle într-un castron rezistent la căldură peste o tigaie cu apă clocotită. Continuați să bateți până când amestecul este gros și cremos. Se lasa sa stea cateva minute, se ia de pe foc si se bate din nou pana cand amestecul lasa o urma cand este scos telul. Adaugati faina si cacao si adaugati apa. Se toarnă amestecul într-o formă de chec unsă și tapetată de 20 cm / 8 (forma de copt) și într-o tavă de tort unsă și tapetată cu unt și 15 cm / 6. Coaceți într-un cuptor preîncălzit la 200°C / 400°F / Gas Mark 6 timp de 15-20 de minute până când crește bine și ferm la atingere. Se lasa sa se raceasca pe un gratar.

Pentru umplutură, bateți margarina cu zahărul pudră. Folosește-te pentru a așeza tortul mai mic deasupra celui mai mare.

Pentru glazură, topește ciocolata și untul sau margarina într-un castron rezistent la căldură pus peste o tigaie cu apă clocotită.

Întindeți glazura peste tort și întindeți cu un cuțit înmuiat în apă fierbinte, astfel încât să fie complet acoperită. Decorați clapeta cu o panglică sau flori de zahăr.

Tort Simnel de Paste

Face un tort de 20 cm / 8 cm

225 g / 8 oz / 1 cană unt sau margarină, înmuiată

225 g / 8 oz / 1 cană zahăr brun moale

coaja rasa a 1 lamaie

4 oua batute

225 g / 8 uncii / 2 căni de făină (universal)

5 ml/1 lingurita praf de copt

2,5 ml / ½ linguriță nucșoară rasă

50 g / 2 oz / ½ cană făină de porumb (amidon de porumb)

100 g / 4 oz / 2/3 cană sultane (stafide aurii)

100 g / 4 oz / 2/3 cană stafide

75 g / 3 oz / ½ cană coacăze negre

100 g / 4 oz / ½ cană cireșe confiate (confitate), tocate

25 g / 1 oz / ¼ cană migdale măcinate

450 g / 1 lb pastă de migdale

30 ml / 2 linguri gem de caise (conserve)

1 albus bătut

Bateți untul sau margarina, zahărul și coaja de lămâie până devin ușoare și pufoase. Batem ouale treptat si apoi adaugam faina, praful de copt, nucsoara si amidonul de porumb. Adăugați fructele și migdalele. Se toarna jumatate din amestec intr-o tava unsa si tapetata cu unt de 20 cm adancime / 8. Se intinde jumatate din pasta de migdale intr-un cerc de marimea prajiturii si se aseaza pe amestec. Umpleți cu amestecul rămas și coaceți în cuptorul preîncălzit la 160 ° C / 325 ° F / marcajul de gaz 3 timp de 2-2 ore și jumătate până când se rumenesc. Se lasa sa se raceasca in tava.

Când se răceşte, se scoate din matriță şi se înfăşoară în hârtie de copt (cerată). Păstrați într-un recipient ermetic, dacă este posibil, timp de până la trei săptămâni pentru a se coace.

Pentru a termina prajitura, ungeti blatul cu dulceata. Întindeți trei sferturi din pasta de migdale rămasă într-un cerc de 20 cm/8, aranjați marginile și puneți-le pe tort. Rulați pasta de migdale rămasă în 11 bile (pentru a reprezenta discipolii fără Iuda). Ungeți blatul prăjiturii cu albuş bătut şi aranjați bilutele pe marginea prăjiturii şi ungeți cu albuş. Puneți sub un grătar fierbinte pentru aproximativ un minut pentru a se rumeni uşor.

Tort de noapte a 12-a

Face un tort de 20 cm / 8 cm

225 g / 8 oz / 1 cană unt sau margarină, înmuiată

225 g / 8 oz / 1 cană zahăr brun moale

4 oua batute

225 g / 8 uncii / 2 căni de făină (universal)

5 ml / 1 linguriță condimente măcinate (plăcintă cu mere)

175 g / 6 oz / 1 cană sultane (stafide aurii)

100 g / 4 oz / 2/3 cană stafide

75 g / 3 oz / ½ cană coacăze negre

50 g / 2 oz / ¼ cană cireșe glacé (confiate)

50 g / 2 oz / 1/3 cana coaja amestecata tocata (confiata)

30 ml / 2 linguri de lapte

12 lumânări de decorat

    Bateți untul sau margarina și zahărul până devine ușor și pufos. Batem treptat ouale, apoi adaugam faina, ierburile amestecate, fructele si crusta si amestecam pana se omogenizeaza, adaugand putin lapte daca este necesar pentru a obtine un amestec omogen. Transferați într-o tavă unsă de 20 cm/8, unsă și tapetată cu o lingură și coaceți în cuptorul preîncălzit la 180°C/350°F/gaz marca 4 timp de 2 ore până când o scobitoare introdusă în centru iese curată. Mergem afara

Plăcintă cu mere la cuptorul cu microunde

Face un pătrat de 23 cm / 9

100 g / 4 oz / ½ cană unt sau margarină, înmuiată

100 g / 4 oz / ½ cană zahăr brun moale

30 ml / 2 linguri de sirop de aur (porumb ușor)

2 oua, batute usor

225 g / 8 uncii / 2 căni de făină auto-crescătoare (cu drojdie)

10 ml / 2 linguri de condimente măcinate (plăcintă cu mere)

120 ml / 4 fl oz / ½ cană lapte

2 mere de gătit (tarte), decojite, fără miez și feliate subțiri

15 ml / 1 lingura zahar granulat (superfin)

5 ml/1 lingurita de scortisoara pudra

Bateți untul sau margarina, zahărul brun și siropul până devine ușor și pufos. Adăugați încet ouăle. Adăugați făina și condimentele amestecate și apoi adăugați laptele până obțineți o consistență netedă. Aduna merele. Se toarnă într-o tavă unsă și tapetată cu 23 cm / 9 inferioară pentru microunde (forma tub) și se pune la microunde pe mediu timp de 12 minute până când se întărește. Se lasa sa stea 5 minute, apoi se rastoarna si se presara cu zahar granulat si scortisoara.

Plăcintă cu sos de mere la cuptorul cu microunde

Face un tort de 20 cm / 8 cm

100 g / 4 oz / ½ cană unt sau margarină, înmuiată

175 g / 6 oz / ¾ cană zahăr brun moale

1 ou, batut usor

175 g / 6 uncii / 1½ cani de făină (universal)

2,5 ml / ½ linguriță praf de copt

Puțină sare

2,5 ml / ½ linguriță ienibahar măcinat

1,5 ml / ¼ lingurita nucsoara rasa

1,5 ml / ¼ linguriță cuișoare măcinate

300 ml / ½ pt / 1¼ cani sos de mere neindulcit (sos)

75 g / 3 uncii / ½ cană stafide

Zahăr pudră pentru pudrat

Bateți untul sau margarina și zahărul brun până devine ușor și pufos. Adaugam treptat oul si adaugam faina, praful de copt, sarea si condimentele, alternand cu sos de mere si stafide. Transferați într-o lingură de 20 cm/8 unsă și înfăinată pe o farfurie pătrată pentru microunde și puneți la microunde la putere maximă timp de 12 minute. Se lasa sa se raceasca pe tava, se taie patrate si se presara cu zahar pudra.

Plăcintă cu mere și nuci la microunde

Face un tort de 20 cm / 8 cm

175 g / 6 oz / ¾ cană unt sau margarină, moale

100 g / 4 oz / ½ cană zahăr granulat (superfin)

3 oua, batute usor

30 ml / 2 linguri de sirop de aur (porumb ușor)

Coaja rasă și zeama de la 1 lămâie

175 g / 6 oz / 1½ cani de făină auto-crescătoare

50 g / 2 oz / ½ cană nuci, tocate

1 măr comestibil (de deșert), curățat de coajă, fără miez și tocat

100 g / 4 oz / 2/3 cană zahăr pudră (cofetarii)

30 ml / 2 linguri suc de lamaie

15 ml/1 lingura de apa

Jumătăți de nucă pentru decorare

Bateți untul sau margarina și zahărul granulat până devine ușor și pufos. Se adauga treptat ouale, apoi siropul, coaja de lamaie si sucul. Adaugati faina, nuca tocata si marul. Se toarnă într-un vas uns cu microunde de 20 cm/8 și se pune la microunde la putere maximă timp de 4 minute. Scoatem din cuptor si acoperim cu folie de aluminiu. Lasa sa se raceasca. Se amestecă zahărul pudră cu sucul de lămâie și multă apă pentru a obține o glazură netedă. Se intinde peste prajitura si se decoreaza cu jumatati de nuca.

Tort cu morcovi la microunde

Face un tort de 18 cm / 7 cm

100 g / 4 oz / ½ cană unt sau margarină, înmuiată

100 g / 4 oz / ½ cană zahăr brun moale

2 oua batute

Coaja rasa si suc de 1 portocala

2,5 ml / ½ linguriță de scorțișoară măcinată

Un praf de nucsoara rasa

100 g / 4 oz morcovi, rasi

100 g / 4 oz / 1 cană făină auto-crescătoare (cu drojdie)

25 g / 1 oz / ¼ cană migdale măcinate

25 g / 1 oz / 2 linguri zahăr granulat (superfin)

Până la acoperiș:

100 g / 4 oz / ½ cană cremă de brânză

50 g / 2 oz / 1/3 cană zahăr de cofetă, cernut

30 ml / 2 linguri suc de lamaie

Bateți untul și zahărul până devin ușor și pufos. Adăugați treptat ouăle, apoi adăugați sucul și coaja de portocale, ierburile și morcovii. Adăugați făina, migdalele și zahărul. Se toarnă într-o formă de tort unsă și tapetată cu unsoare de 18 cm/7 și se acoperă cu folie de plastic. Se da la microunde la putere maximă timp de 8 minute până când o frigărui introdusă în centru iese curată. Scoateți folia de plastic și lăsați-o să se odihnească timp de 8 minute înainte de a se transfera pe un grătar pentru a se răci. Se amestecă ingredientele pentru glazură împreună și se întinde peste prăjitura răcită.

Prăjitură cu morcovi, ananas și nuci la cuptorul cu microunde

Face un tort de 20 cm / 8 cm

225 g / 8 uncii / 1 cană zahăr granulat (superfin)

2 oua

120 ml / 4 fl oz / ½ cană ulei

1,5 ml / ¼ linguriță sare

5 ml / 1 linguriță praf de copt (praf de copt)

100 g / 4 oz / 1 cană făină auto-crescătoare (cu drojdie)

5 ml/1 lingurita de scortisoara pudra

175 g / 6 oz morcovi, rasi

75 g / 3 oz / ¾ cană nuci, tocate

225 g ananas zdrobit cu suc

                        Pentru glazura (glazura):

15 g / ½ oz / 1 lingură unt sau margarină

50 g / 2 oz / ¼ cană cremă de brânză

10 ml / 2 lingurițe suc de lămâie

Zahăr de cofetar, cernut

Tapetați o formă de inel mare (forma de tub) cu hârtie de copt. Bateți zahărul, ouăle și uleiul. Se amestecă ușor ingredientele uscate până se combină bine. Adăugați ingredientele rămase pentru tort. Se toarnă amestecul în tava pregătită, se așează pe un gratar sau o farfurie cu fața în sus și se pune la microunde la foc mare timp de 13 minute sau până când se fixează. Se lasa sa se odihneasca 5 minute si apoi se da la cuptor sa se raceasca.

Între timp, faceți toppingul. Puneți untul sau margarina, crema de brânză și sucul de lămâie într-un castron și puneți la microunde timp de 30-40 de secunde. Adăugați treptat suficient zahăr pudră pentru a obține o consistență groasă și bateți până devine cremos. Odată ce prăjitura s-a răcit, întinde-l peste glazură.

Prajituri de tarate condimentate la cuptorul cu microunde

face 15

75 g / 3 oz / ¾ cană Toate boabele de tărâțe

250 ml / 8 fl oz / 1 cană lapte

175 g / 6 uncii / 1½ cani de făină (universal)

75 g / 3 uncii / 1/3 cană zahăr granulat (superfin)

10 ml / 2 linguri praf de copt

10 ml / 2 linguri de condimente măcinate (plăcintă cu mere)

Puțină sare

60 ml / 4 linguri sirop de aur (porumb ușor)

45 ml / 3 linguri ulei

1 ou, batut usor

75 g / 3 uncii / ½ cană stafide

15 ml / 1 lingură coajă de portocală rasă

Înmuiați cerealele în lapte timp de 10 minute. Se amestecă făina, zahărul, drojdia, condimentele și sarea și se amestecă în cereale. Adăugați siropul, uleiul, oul, stafidele și coaja de portocală. Se toarnă în pahare de hârtie (hârtie pentru cupcake) și se pune la microunde cinci prăjituri o dată la maxim timp de 4 minute. Repetați acest lucru pentru prăjiturile rămase.

Plăcintă cu banane și fructe ale pasiunii la microunde

Face un tort de 23 cm / 9 cm

100 g / 4 oz / ½ cană unt topit sau margarină

175 g / 6 oz / 1½ cană firimituri de turtă dulce (cookie)

250 g / 9 oz / 1 cană cremă de brânză generoasă

175 ml / 6 fl oz / ¾ cană smântână (acid lactic)

2 oua, batute usor

100 g / 4 oz / ½ cană zahăr granulat (superfin)

Coaja rasă și zeama de la 1 lămâie

150 ml / ¼ pt / 2/3 cană smântână proaspătă

1 banană, feliată

1 fructul pasiunii tocat

Amestecați untul sau margarina și firimiturile de biscuiți și presă-le în fundul și părțile laterale a unei forme de 23 cm în cuptorul cu microunde. Puneți la microunde la putere maximă timp de 1 minut. Lasa sa se raceasca.

> Se bat crema de branza si frisca pana se omogenizeaza, apoi se adauga oul, zaharul, sucul de lamaie si coaja. Se întinde pe bază și se întinde uniform. Gatiti la mediu timp de 8 minute. Lasa sa se raceasca.

Se bate frișca până se întărește și se întinde peste tavă. Acoperiți cu felii de banană și acoperiți cu pulpa de fructul pasiunii.

Cheesecake cu portocale la microunde

Face un tort de 20 cm / 8 cm

50 g / 2 oz / ¼ cană unt sau margarină

12 biscuiți digestivi (biscuiți Graham), zdrobiți

100 g / 4 oz / ½ cană zahăr granulat (superfin)

225 g / 8 oz / 1 cană cremă de brânză

2 oua

30 ml / 2 linguri concentrat de suc de portocale

15 ml/1 lingura suc de lamaie

150 ml / ¼ pt / 2/3 cană smântână (acid lactic)

Puțină sare

1 portocală

30 ml / 2 linguri gem de caise (conserve)

150 ml / ¼ pt / 2/3 cană frișcă (grea)

Topiți untul sau margarina într-un lighean de budincă de 20 cm/8" la putere mare timp de 1 minut. Adăugați firimiturile de biscuiți și 25 g / 1 oz / 2 linguri de zahăr și presați în fundul și părțile laterale ale farfuriei. Bateți brânza cu zahărul rămas și ouăle, apoi se adaugă sucul de portocale și lămâie, smântâna și sarea. Se pune în formă (castron) și se pune la microunde la foc mare 2 minute. Se lasă 2 minute și se pune apoi la microunde încă 2 minute la putere mare. timp de 1 minut si apoi puneti la microunde timp de 1 minut la maxim. Lasati sa se raceasca.

Curățați portocala și îndepărtați segmentele de membrană cu un cuțit ascuțit. Se topește gemul și se întinde peste cheesecake.

Bateți frișca cu un tub în jurul marginii cheesecake-ului și decorați cu segmentele de portocale.

Cheesecake cu ananas la microunde

Face un tort de 23 cm / 9 cm

100 g / 4 oz / ½ cană unt topit sau margarină

175 g / 6 oz / 1½ cană firimituri de biscuiți digestivi (Graham Cracker)

250 g / 9 oz / 1 cană cremă de brânză generoasă

2 oua, batute usor

5 ml / 1 linguriță coajă de lămâie rasă

30 ml / 2 linguri suc de lamaie

75 g / 3 uncii / 1/3 cană zahăr granulat (superfin)

400 g / 14 oz / 1 cutie mare de ananas, scurs și zdrobit

150 ml / ¼ pt / 2/3 cană frișcă (grea)

Amestecați untul sau margarina și firimiturile de biscuiți și presăle în fundul și părțile laterale a unei forme de 23 cm în cuptorul cu microunde. Puneți la microunde la putere maximă timp de 1 minut. Lasa sa se raceasca.

> Bate crema de branza, ouale, coaja de lamaie, sucul si zaharul pana se omogenizeaza. Adăugați ananasul și puneți-l pe fund. Puneți la microunde la foc mediu timp de 6 minute până când sunt ferme. Lasa sa se raceasca.

Bateți frișca până se întărește și apoi turnați peste cheesecake.

Pâine la microunde cu cireşe şi nuci

Face o pâine de 900 g/2 lb

175 g / 6 oz / ¾ cană unt sau margarină, moale

175 g / 6 oz / ¾ cană zahăr brun moale

3 oua batute

225 g / 8 uncii / 2 căni de făină (universal)

10 ml / 2 linguri praf de copt

Puțină sare

45 ml / 3 linguri lapte

75 g / 3 oz / 1/3 cană cireşe confiate (confiate)

75 g / 3 oz / ¾ cană nuci amestecate tocate

25 g / 1 oz / 3 linguri de zahăr pudră, cernut

Bateți untul sau margarina și zahărul brun până devine ușor și pufos. Bateți ouăle treptat și apoi adăugați făina, praful de copt și sarea. Adăugați suficient lapte pentru a obține o consistență netedă și apoi adăugați cireșele și nucile. Se toarnă într-o tavă de copt unsă și tapetată cu unsoare de 900 g/2 lb și se stropește cu zahăr. Puneți la microunde la putere maximă timp de 7 minute. Se lasa sa se odihneasca 5 minute si apoi se aseaza pe un gratar sa se raceasca.

Prajitura de ciocolata la microunde

Face un tort de 18 cm / 7 cm

225 g / 8 oz / 1 cană unt sau margarină, înmuiată

175 g / 6 oz / ¾ cană zahăr granulat (superfin)

150 g / 5 oz / 1¼ cani de făină (cu drojdie)

50 g / 2 oz / ¼ cană pudră de cacao (ciocolată fără zahăr)

5 ml/1 lingurita praf de copt

3 oua batute

45 ml / 3 linguri lapte

Amestecați toate ingredientele și puneți-le într-un bol uns și tapetat de 18 cm/7 în formă de cuptor cu microunde. Puneți la microunde la putere maximă timp de 9 minute până când sunt ferme la atingere. Se lasa sa se raceasca in tava 5 minute si se aseaza pe un gratar sa se raceasca.

Tort cu migdale cu ciocolata la microunde

Face un tort de 20 cm / 8 cm

Pentru tort:

100 g / 4 oz / ½ cană unt sau margarină, înmuiată

100 g / 4 oz / ½ cană zahăr granulat (superfin)

2 oua, batute usor

100 g / 4 oz / 1 cană făină auto-crescătoare (cu drojdie)

50 g / 2 oz / ½ cană pudră de cacao (ciocolată neîndulcită)

50 g / 2 oz / ½ cană migdale măcinate

150 ml / ¼ pt / 2/3 cană lapte

60 ml / 4 linguri sirop de aur (porumb ușor)

Pentru glazura (glazura):

100 g / 4 oz / 1 cană ciocolată neagră (semidulce)

25 g / 1 oz / 2 linguri unt sau margarină

8 migdale întregi

Pentru a face tortul, bateți untul sau margarina și zahărul până devine ușor și pufos. Batem ouale treptat si apoi adaugam faina si cacao, urmate de migdalele macinate. Adaugam laptele si siropul si batem pana obtinem o crema usoara si pufoasa. Transferați într-un castron pentru microunde de 20 cm/8, tapetat cu folie de plastic (folie cu clips) și puneți la microunde la putere maximă timp de 4 minute. Se scot din cuptor, se acopera cu folie si se lasa putin sa se raceasca, apoi se da la cuptor sa se raceasca.

Pentru glazură, topește ciocolata și untul sau margarina la cea mai mare setare timp de 2 minute. Bate bine. Înmuiați migdalele în jumătate în ciocolată și lăsați-le să se odihnească pe o bucată de hârtie de copt (cerată). Turnați glazura rămasă peste prăjitură și întindeți-o deasupra și pe părțile laterale. Se ornează cu migdale și se lasă să se întărească.

Brownies dublu de ciocolată pentru cuptorul cu microunde

face 8

150 g / 5 oz / 1¼ cani ciocolata neagra (semidulce), tocata grosier

75 g / 3 oz / 1/3 cană unt sau margarină

175 g / 6 oz / ¾ cană zahăr brun moale

2 oua, batute usor

150 g / 5 oz / 1¼ cani de faina (universal)

2,5 ml / ½ linguriță praf de copt

2,5 ml / ½ linguriță esență de vanilie (extract)

30 ml / 2 linguri de lapte

Topiți 50 g / 2 oz / ½ cană de ciocolată cu untul sau margarina la maxim timp de 2 minute. Se adauga zaharul si ouale, apoi se adauga faina, praful de copt, esenta de vanilie si laptele pana se omogenizeaza. Transferați într-un castron de 8/8" uns pe o farfurie pătrată de cuptor cu microunde și puneți la microunde la putere maximă timp de 7 minute. Lasam sa se raceasca pe tava 10 minute. Topiți ciocolata rămasă timp de 1 minut la cea mai mare setare, întindeți-o peste prăjitură și lăsați să se răcească. Tăiați în pătrate.

batoane de ciocolată sigure pentru microunde

face 8

50 g / 2 oz / 1/3 cană curmale fără sâmburi, tocate

60 ml / 4 linguri apă clocotită

65 g / 2½ oz / 1/3 cană unt sau margarină, moale

225 g / 8 uncii / 1 cană zahăr granulat (superfin)

1 ou

100 g / 4 oz / 1 cană de făină (universal)

10 ml / 2 linguri pudra de cacao (ciocolata neindulcita).

2,5 ml / ½ linguriță praf de copt

Puțină sare

25 g / 1 oz / ¼ cană nuci amestecate tocate

100 g / 4 oz / 1 cană ciocolată neagră (semidulce), tocată mărunt

Se amestecă curmalele cu apa clocotită și se lasă să se odihnească până se răcește. Bateți untul sau margarina cu jumătate din zahăr până devine ușor și pufos. Adăugați treptat oul și apoi adăugați alternativ făina, cacao, praful de copt, sarea și amestecul de curmale. Se toarna intr-un vas de 20 cm uns si infainat cu microunde. Se amesteca zaharul ramas cu nuca si ciocolata si se presara peste el si se presara usor. Puneți la microunde la putere maximă timp de 8 minute. Lasam sa se raceasca pe tava inainte de a taia in patrate.

Cuburi de ciocolată la cuptorul cu microunde

face 16

Pentru tort:

50 g / 2 oz / ¼ cană unt sau margarină

5 ml / 1 lingurita zahar tos (superfin)

75 g / 3 uncii / ¾ cană făină (universal)

1 galbenus de ou

15 ml/1 lingura de apa

175 g / 6 oz / 1½ cani ciocolata neagra (semidulce), rasa sau tocata

Până la acoperiş:

50 g / 2 oz / ¼ cană unt sau margarină

50 g / 2 oz / ¼ cană zahăr granulat (superfin)

1 ou

2,5 ml / ½ linguriță esență de vanilie (extract)

100 g / 4 oz / 1 cană nuci, tocate

Faceți tortul înmuiind untul sau margarina şi adăugând zahărul, făina, gălbenuşul de ou şi apa. Răspândiți amestecul uniform pe o farfurie pătrată de 20 cm/8 pentru microunde şi puneți la microunde la putere maximă timp de 2 minute. Presărați ciocolata peste ea şi puneți-o la microunde la foc mare timp de 1 minut. Se întinde uniform peste bază şi se lasă să se întărească.

Pentru a face glazura, puneți la microunde untul sau margarina la foc mare timp de 30 de secunde. Adăugați ingredientele rămase pentru topping şi întindeți peste ciocolată. Puneți la microunde la putere maximă timp de 5 minute. Se lasa sa se raceasca si se taie in patrate.

Tort rapid cu cafea la cuptorul cu microunde

Face un 19 cm/7 pe tort

Pentru tort:

225 g / 8 oz / 1 cană unt sau margarină, înmuiată

225 g / 8 uncii / 1 cană zahăr granulat (superfin)

225 g / 8 uncii / 2 căni de făină auto-crescătoare (cu drojdie)

5 ouă

45 ml / 3 linguri esență de cafea (extract)

Pentru glazura (glazura):

30 ml / 2 linguri esență de cafea (extract)

175 g / 6 oz / ¾ cană unt sau margarină

Zahăr de cofetar, cernut

Jumătăți de nucă pentru decorare

Se amestecă toate ingredientele pentru tort până se omogenizează bine. Împărțiți între două forme de tort de 19 cm/7 inchi în cuptorul cu microunde și gătiți la foc mare timp de 5-6 minute fiecare. Scoateți din cuptorul cu microunde și lăsați să se răcească.

Amestecați ingredientele pentru topping, îndulciți după gust cu zahăr pudră. Odată ce se răcește, acoperiți prăjiturile cu jumătate din glazură și întindeți restul deasupra. Decorați cu jumătăți de nucă.

Tort de Crăciun la cuptorul cu microunde

Face un tort de 23 cm / 9 cm

150 g / 5 oz / 2/3 cană unt sau margarină, înmuiată

150 g / 5 oz / 2/3 cană zahăr brun moale

3 oua

30 ml / 2 linguri melasă blackstrap

225 g / 8 uncii / 2 căni de făină auto-crescătoare (cu drojdie)

10 ml / 2 linguri de condimente măcinate (plăcintă cu mere)

2,5 ml / ½ linguriță nucșoară rasă

2,5 ml / ½ linguriță bicarbonat de sodiu (bicarbonat de sodiu)

450 g / 1 lb / 22/3 cani amestec de fructe uscate (amestec de prajitura cu fructe)

50 g / 2 oz / ¼ cană cireșe glacé (confiate)

50 g / 2 oz / 1/3 cană coajă amestecată tocată

50 g / 2 oz / ½ cană nuci amestecate tocate

30 ml / 2 linguri coniac

Coniac suplimentar pentru maturarea prăjiturii (opțional)

Bateți untul sau margarina și zahărul până devine ușor și pufos. Bateți treptat ouăle și melasa, apoi adăugați făina, condimentele și bicarbonatul de sodiu. Se amestecă ușor fructele, cojile și nucile și apoi se adaugă coniacul. Transferați într-o linguriță de 9 inchi/9 inci pe o farfurie sigură pentru cuptorul cu microunde și puneți la microunde timp de 45-60 de minute. Se lasa sa se raceasca in tava timp de 15 minute inainte de a se transfera pe un gratar pentru a se raci.

Odată ce prăjitura s-a răcit, înfășurați-l în folie de aluminiu și păstrați-l într-un loc răcoros și întunecat timp de 2 săptămâni. Dacă doriți, străpungeți de câteva ori partea de sus a prăjiturii cu o frigărui subțire și stropiți cu puțină țuică în plus, apoi împachetați din nou tortul și depozitați. Puteți face acest lucru de mai multe ori pentru a face un tort mai bogat.

Tort cu firimituri la microunde

Face un tort de 20 cm / 8 cm

300 g / 10 uncii / 1¼ cană zahăr granulat (superfin)

225 g / 8 uncii / 2 căni de făină (universal)

10 ml / 2 linguri praf de copt

5 ml / 1 lingurita de scortisoara pudra

100 g / 4 oz / ½ cană unt sau margarină, înmuiată

2 oua, batute usor

100 ml / 3½ fl oz / 6½ linguri de lapte

Se amestecă zahărul, făina, drojdia și scorțișoara. Adăugați untul sau margarina și rezervați un sfert din amestec. Se amestecă ouăle și laptele și se bate în cea mai mare parte din amestecul de tort. Se toarnă amestecul într-un vas de 20 cm / 8 uns cu făină și se presară cu amestecul de pesmet rezervat. Puneți la microunde la putere maximă timp de 10 minute. Se lasa sa se raceasca pe tava.

date bare cuptor cu microunde

face 12

150 g / 5 oz / 1¼ cani de făină auto-crescătoare

175 g / 6 oz / ¾ cană zahăr granulat (superfin)

100 g / 4 oz / 1 cană nucă de cocos deshidratată (răzuită)

100 g / 4 oz / 2/3 cană curmale fără sâmburi (sâmbure), tocate

50 g / 2 oz / ½ cană nuci amestecate tocate

100 g / 4 oz / ½ cană unt topit sau margarină

1 ou, batut usor

Zahăr pudră pentru pudrat

Se amestecă ingredientele uscate. Adăugați untul sau margarina și oul și amestecați într-un aluat ferm. Apăsați în partea de jos a unei plăci pătrate de 20 cm/8 pentru cuptor cu microunde și puneți la microunde la foc mediu timp de 8 minute până când se întărește. Se lasa pe farfurie 10 minute, apoi se taie fasii si se aseaza pe un gratar sa se raceasca.

Pâine cu smochine la microunde

Produce o pâine de 675 g / 1½ lb

100 g / 4 uncii / 2 căni de tărâțe

50 g / 2 oz / ¼ cană zahăr brun moale

45 ml / 3 linguri miere limpede

100 g smochine uscate, tocate

50 g / 2 oz / ½ cană alune de pădure, tocate

300 ml / ½ pt / 1¼ cani de lapte

100 g / 4 oz / 1 cană făină universală (grâu integral)

10 ml / 2 linguri praf de copt

Puțină sare

Amestecă toate ingredientele până obții un aluat ferm. Modelați-o într-un vas de pâine care poate fi utilizat în cuptorul cu microunde și nivelați suprafața. Gatiti la foc mare timp de 7 minute. Se lasa sa se raceasca in tava 10 minute si apoi se da la cuptor sa se raceasca.

Flapjacks cuptor cu microunde

face 24

175 g / 6 oz / ¾ cană unt sau margarină, moale

50 g / 2 oz / ¼ cană zahăr granulat (superfin)

50 g / 2 oz / ¼ cană zahăr brun moale

90 ml / 6 linguri sirop de aur (porumb ușor)

Puțină sare

275 g / 10 oz / 2½ căni de fulgi de ovăz

Amestecați untul sau margarina și zaharurile într-un castron mare și gătiți la foc mare timp de 1 minut. Adăugați ingredientele rămase și amestecați bine. Turnați amestecul într-un vas uns cu microunde de 18 cm/7" și apăsați ușor. Gatiti la foc mare timp de 5 minute. Se lasa sa se raceasca putin si se taie in patrate.

Prajitura cu fructe la cuptorul cu microunde

Face un tort de 18 cm / 7 cm

175 g / 6 oz / ¾ cană unt sau margarină, moale

175 g / 6 oz / ¾ cană zahăr granulat (superfin)

coaja rasa a 1 lamaie

3 oua batute

225 g / 8 uncii / 2 căni de făină (universal)

5 ml / 1 linguriță condimente măcinate (plăcintă cu mere)

225 g / 8 uncii / 11/3 cani de stafide

225 g / 8 uncii / 11/3 cani sultane (stafide aurii)

50 g / 2 oz / ¼ cană cireșe glacé (confiate)

50 g / 2 oz / ½ cană nuci amestecate tocate

15 ml / 1 lingură sirop de aur (porumb ușor)

45 ml / 3 linguri coniac

Bateți untul sau margarina și zahărul până devine ușor și pufos. Adăugați coaja de lămâie și bateți treptat ouăle. Adăugați făina și ierburile amestecate și amestecați restul ingredientelor. Se toarnă într-un castron de 18 cm/7" uns și tapetat într-o tigaie rotundă care poate fi utilizată la microunde și se pune la microunde la foc mic timp de 35 de minute până când o frigărui introdusă în centru iese curată. Se lasa sa se raceasca in tava 10 minute si apoi se da la cuptor sa se raceasca.

Pătrate cu fructe și nucă de cocos la microunde

face 8

50 g / 2 oz / ¼ cană unt sau margarină

9 Biscuiți digestivi (Graham Crackers), zdrobiți

50 g / 2 oz / ½ cană nucă de cocos deshidratată (răzuită)

100 g / 4 oz / 2/3 cană coajă amestecată tocată (confiată)

50 g / 2 oz / 1/3 cană curmale fără sâmburi, tocate

15 ml / 1 lingura de faina (toate scopuri)

25 g / 1 oz / 2 linguri cireșe confiate (confiate), tocate

100 g / 4 oz / 1 cană nuci, tocate

150 ml / ¼ pt / 2/3 cană lapte condensat

Topiți untul sau margarina într-o farfurie pătrată cu microunde de 20 cm/8 timp de 40 de secunde la maxim. Adăugați firimiturile de biscuiți și întindeți uniform pe fundul farfurii. Se presara cu nuca de cocos si apoi cu cojile amestecate. Se amestecă curmalele cu făina, cireșele și nucile, se presară și se stropesc cu lapte. Puneți la microunde la putere maximă timp de 8 minute. Lasam sa se raceasca pe tava si taiem patrate.

Tort Fudge la cuptorul cu microunde

Face un tort de 20 cm / 8 cm

150 g / 5 oz / 1¼ cani de faina (universal)

5 ml/1 lingurita praf de copt

Un praf de bicarbonat de sodiu (bicarbonat de sodiu)

Puțină sare

300 g / 10 uncii / 1¼ cană zahăr granulat (superfin)

50 g / 2 oz / ¼ cană unt sau margarină, moale

250 ml / 8 fl oz / 1 cană lapte

Câteva picături de esență de vanilie (extract)

1 ou

100 g / 4 oz / 1 cană ciocolată neagră (semidulce), tocată

50 g / 2 oz / ½ cană nuci amestecate tocate

glazura de ciocolata pentru glazura

Se amestecă făina, praful de copt, bicarbonatul de sodiu și sarea. Se adauga zaharul si se bate untul sau margarina, laptele si esenta de vanilie pana se omogenizeaza. Adăugați oul. Pune trei sferturi din ciocolată la microunde timp de 2 minute până se topește, apoi amestecă amestecul de tort până devine cremos. Strângeți nucile. Se toarnă amestecul în două vase de 20 cm/8 vase cu microunde unse și tape cu făină și se pune la microunde fiecare separat timp de 8 minute. Scoatem din cuptor, acoperim cu folie si lasam sa se raceasca 10 minute, apoi dam la cuptor sa se raceasca. Sandwich cu jumatate de glazura de unt (glazura), intindem peste el glazura ramasa si decoram cu ciocolata rezervata.

Pâine cu miere la microunde

Face un tort de 20 cm / 8 cm

50 g / 2 oz / ¼ cană unt sau margarină

75 g / 3 oz / ¼ cană melasă neagră (melasă)

15 ml / 1 lingura zahar granulat (superfin)

100 g / 4 oz / 1 cană de făină (universal)

5 ml / 1 linguriță pudră de ghimbir

2,5 ml / ½ linguriță de condimente măcinate (plăcintă cu mere)

2,5 ml / ½ linguriță bicarbonat de sodiu (bicarbonat de sodiu)

1 ou bătut

Puneți untul sau margarina într-un castron și puneți la microunde la foc mare timp de 30 de secunde. Adăugați melasa și zahărul și puneți la microunde la foc mare timp de 1 minut. Adăugați făina, condimentele și sifonul. Adăugați oul. Turnați amestecul într-un recipient uns de 1,5 litri / 2½ litri / 6 cani și puneți-l la microunde la foc mare timp de 4 minute. Se lasa sa se raceasca in tava 5 minute si se aseaza pe un gratar sa se raceasca.

Batoane de turtă dulce la cuptorul cu microunde

face 12

Pentru tort:

150 g / 5 oz / 2/3 cană unt sau margarină, înmuiată

50 g / 2 oz / ¼ cană zahăr granulat (superfin)

100 g / 4 oz / 1 cană de făină (universal)

2,5 ml / ½ linguriță praf de copt

5 ml / 1 linguriță pudră de ghimbir

Până la acoperiș:

15 g / ½ oz / 1 lingură unt sau margarina

15 ml / 1 lingură sirop de aur (porumb ușor)

Câteva picături de esență de vanilie (extract)

5 ml / 1 linguriță pudră de ghimbir

50 g / 2 oz / 1/3 cană zahăr pudră (cofetarii)

Pentru a face tortul, bateți untul sau margarina și zahărul până devine ușor și pufos. Adaugati faina, praful de copt si ghimbirul si amestecati pana obtineti un aluat omogen. Apăsați pe o farfurie pătrată cu microunde de 20 cm/8 și puneți la microunde la temperatură medie timp de 6 minute până când se fixează.

Pentru glazura se topeste untul sau margarina si siropul. Adăugați esența de vanilie, ghimbirul și zahărul pudră și bateți până se îngroașă. Se întinde uniform peste prăjitura fierbinte. Se lasa sa se raceasca pe tava si se taie batoane sau patrate.

Tort auriu la cuptorul cu microunde

Face un tort de 20 cm / 8 cm

Pentru tort:

100 g / 4 oz / ½ cană unt sau margarină, înmuiată

100 g / 4 oz / ½ cană zahăr granulat (superfin)

2 oua, batute usor

Câteva picături de esență de vanilie (extract)

225 g / 8 uncii / 2 căni de făină (universal)

10 ml / 2 linguri praf de copt

Puțină sare

60 ml / 4 linguri de lapte

Pentru glazura (glazura):

50 g / 2 oz / ¼ cană unt sau margarină, moale

100 g / 4 oz / 2/3 cană zahăr pudră (cofetarii)

Câteva picături de esență de vanilie (extract) (opțional)

Pentru prăjitură, bateți untul sau margarina și zahărul până devine ușor și pufos. Bateți ouăle treptat și apoi adăugați făina, praful de copt și sarea. Amestecați suficient lapte pentru a obține o consistență netedă și curgătoare. Se toarnă în două tăvi de 20 cm/8 cu microunde unse și tape cu făină și se coace fiecare prăjitură individual timp de 6 minute la maxim. Scoatem din cuptor, acoperim cu folie si lasam sa se raceasca 5 minute, apoi dam la cuptor sa se raceasca.

Pentru glazura, bateti untul sau margarina pana se omogenizeaza si adaugati zaharul pudra si extractul de vanilie, daca doriti. Sandvișează prăjiturile cu jumătate din glazură și întindeți restul deasupra.

Prajitura cu miere si alune la microunde

Face un tort de 18 cm / 7 cm

150 g / 5 oz / 2/3 cană unt sau margarină, înmuiată

100 g / 4 oz / ½ cană zahăr brun moale

45 ml / 3 linguri miere limpede

3 oua batute

225 g / 8 uncii / 2 căni de făină auto-crescătoare (cu drojdie)

100 g / 4 oz / 1 cană alune măcinate

45 ml / 3 linguri lapte

Acoperire cu unt

Bateţi untul sau margarina, zahărul şi mierea până devin uşor şi pufos. Bateţi ouăle treptat, apoi adăugaţi făina şi alunele şi suficient lapte pentru a obţine o consistenţă netedă. Se toarnă într-un vas cu microunde de 18 cm/7 şi se găteşte la foc mediu timp de 7 minute. Se lasa sa se raceasca in tava 5 minute si se aseaza pe un gratar sa se raceasca. Tăiaţi tortul în jumătate pe orizontală şi apoi acoperiţi-l cu glazură de unt (glazură).

Batoane granola pentru microunde

Face aproximativ 10

100 g / 4 oz / ½ cană unt sau margarină

175 g / 6 oz / ½ cană miere limpede

50 g / 2 oz / 1/3 cana caise uscate gata de consumat, tocate

50 g / 2 oz / 1/3 cană curmale fără sâmburi, tocate

75 g / 3 oz / ¾ cană nuci amestecate tocate

100 g / 4 oz / 1 cană fulgi de ovăz

100 g / 4 oz / ½ cană zahăr brun moale

1 ou bătut

25 g / 1 oz / 2 linguri făină auto-crescătoare (cu drojdie)

Puneti untul sau margarina si mierea intr-un castron si gatiti 2 minute la foc mare. Se amestecă toate celelalte ingrediente. Se toarnă într-o tavă de copt de 20 cm/8 inchi și se pune la microunde la foc mare timp de 8 minute. Se lasa sa se raceasca putin si se taie in patrate sau rotunde.

Tort cu nuci la microunde

Face un tort de 20 cm / 8 cm

150 g / 5 oz / 1¼ cani de faina (universal)

Puțină sare

5 ml/1 lingurita de scortisoara pudra

75 g / 3 oz / 1/3 cană zahăr brun moale

75 g / 3 uncii / 1/3 cană zahăr granulat (superfin)

75 ml / 5 linguri de ulei

25 g / 1 oz / ¼ cană nuci, tocate

5 ml/1 lingurita praf de copt

2,5 ml / ½ linguriță bicarbonat de sodiu (bicarbonat de sodiu)

1 ou

150 ml / ¼ pt / 2/3 cană lapte acru

Se amestecă făina, sarea și jumătate din scorțișoară. Adăugați zaharurile și amestecați uleiul până se omogenizează bine. Se iau 90 ml/6 linguri din amestec si se amesteca cu restul de nuca si scortisoara. Adăugați praful de copt, praful de copt, oul și laptele în partea principală a amestecului și bateți până la omogenizare. Se toarnă amestecul principal într-un vas de 20 cm / 8 uns cu făină și se presară peste el amestecul de nuci. Puneți la microunde la putere maximă timp de 8 minute. Lasam sa se raceasca pe tava 10 minute si servim caldut.

Tort cu suc de portocale la microunde

Face un tort de 20 cm / 8 cm

250 g / 9 uncii / 2¼ cani de făină (universal)

225 g / 8 oz / 1 cană zahăr granulat

15 ml/1 lingura praf de copt

2,5 ml / ½ linguriță sare

60 ml / 4 linguri ulei

250 ml / 8 fl oz / 2 căni de suc de portocale

2 ouă separate

100 g / 4 oz / ½ cană zahăr granulat (superfin)

Topping cu unt de portocale

Glazura Glazura de portocale

Se amestecă făina, zahărul granulat, drojdia, sarea, uleiul și jumătate din sucul de portocale și se bate până se omogenizează. Adauga galbenusurile si sucul de portocale ramas pana obtii o crema usoara si pufoasa. Bate albusurile spuma, apoi adauga jumatate din zaharul granulat si bate pana se denseaza si devine lucios. Adăugați zahărul rămas și apoi albușurile spumă în amestecul de tort. Se toarnă în două farfurii unse și tape cu făină de 20 cm/8 pentru cuptorul cu microunde și se da la microunde separat la putere mare timp de 6-8 minute. Scoatem din cuptor, acoperim cu folie si lasam sa se raceasca 5 minute, apoi dam la cuptor sa se raceasca. Sandwich prajiturile cu glazura de unt de portocale (glazura) si intindeti deasupra glazura de portocale.

pavlova la microunde

Face un tort de 23 cm / 9 cm

4 albusuri

225 g / 8 uncii / 1 cană zahăr granulat (superfin)

2,5 ml / ½ linguriță esență de vanilie (extract)

Câteva picături de oțet de vin

150 ml / ¼ pt / 2/3 cană smântână proaspătă

1 kiwi feliat

100 g căpșuni, tăiate felii

Bate albusurile spuma pana formeaza varfuri moi. Se presară cu jumătate de zahăr și se bate bine. Adăugați treptat zahărul rămas, esența de vanilie și oțetul și bateți până se dizolvă. Turnați amestecul într-un cerc de 23 cm/9 cm pe o bucată de hârtie de copt. Puneți la microunde la putere maximă timp de 2 minute. Se lasa sa se odihneasca 10 minute in cuptorul cu microunde cu usa deschisa. Se scoate din cuptor, se rupe hartia protectoare si se lasa sa se raceasca. Bateți frișca până se întărește și întindeți-o peste bezea. Aranjați frumos fructele.

prăjitură la microunde

Face un tort de 20 cm / 8 cm

225 g / 8 uncii / 2 căni de făină (universal)

15 ml/1 lingura praf de copt

50 g / 2 oz / ¼ cană zahăr granulat (superfin)

100 g / 4 oz / ½ cană unt sau margarină

75 ml / 5 linguri frișcă (ușoară)

1 ou

Se amestecă făina, drojdia și zahărul, apoi se scufundă în unt sau margarină până când amestecul seamănă cu pesmet. Amestecați smântâna și oul și apoi adăugați făina până obțineți un aluat moale. Apăsați într-o farfurie unsă cu unsoare de 20 cm/8 pentru microunde și puneți la microunde la putere maximă timp de 6 minute. Se lasa sa se odihneasca 4 minute, se desface si se lasa sa se raceasca pe un gratar.

Plăcintă cu căpșuni la microunde

Face un tort de 20 cm / 8 cm

900 g căpșuni, feliate groase

225 g / 8 uncii / 1 cană zahăr granulat (superfin)

225 g / 8 uncii / 2 căni de făină (universal)

15 ml/1 lingura praf de copt

175 g / 6 oz / ¾ cană unt sau margarină

75 ml / 5 linguri frișcă (ușoară)

1 ou

150 ml / ¼ pt / 2/3 cană frișcă (grea), frișcă

Se amestecă căpșunile cu 175 g zahăr și se pun la frigider pentru cel puțin 1 oră.

Se amestecă făina, drojdia și zahărul rămas și se unesc 100 g unt sau margarină până când amestecul seamănă cu pesmet. Amestecați smântâna și oul și apoi adăugați făina până obțineți un aluat moale. Apăsați într-o farfurie unsă cu unsoare de 20 cm/8 pentru microunde și puneți la microunde la putere maximă timp de 6 minute. Se lasă să stea 4 minute, apoi se desface și se împarte în jumătate cât este încă fierbinte. Lasa sa se raceasca.

Ungeți ambele suprafețe tăiate cu restul de unt sau margarină. Întindeți o treime din frișcă peste bază și acoperiți cu trei sferturi din căpșuni. Acoperiți cu încă o treime din cremă și puneți deasupra al doilea shortcake. Terminați cu smântâna rămasă și căpșuni.

Pandișpan în cuptorul cu microunde

Face un tort de 18 cm / 7 cm

150 g / 5 oz / 1¼ cani de făină (cu drojdie)

100 g / 4 oz / ½ cană unt sau margarină

100 g / 4 oz / ½ cană zahăr granulat (superfin)

2 oua

30 ml / 2 linguri de lapte

Bateți toate ingredientele până la omogenizare. Se toarnă într-un castron căptușit de 18 cm/7 pe o farfurie care poate fi utilizată în cuptorul cu microunde și se pune la microunde la foc mediu timp de 6 minute. Se lasa sa se raceasca in tava 5 minute si se aseaza pe un gratar sa se raceasca.

Baruri Sultana pentru cuptorul cu microunde

face 12

175 g / 6 oz / ¾ cană unt sau margarină

100 g / 4 oz / ½ cană zahăr granulat (superfin)

15 ml / 1 lingură sirop de aur (porumb ușor)

75 g / 3 oz / ½ cană sultane (stafide aurii)

5 ml / 1 linguriță coajă de lămâie rasă

225 g / 8 uncii / 2 căni de făină auto-crescătoare (cu drojdie)

                        Pentru glazura (glazura):
175 g / 6 oz / 1 cană de zahăr pudră (cofetarii)

30 ml / 2 linguri suc de lamaie

Se încălzește untul sau margarina, zahărul tos și siropul timp de 2 minute la mediu. Adăugați sultanele și coaja de lămâie. Adăugați făina. Se toarnă într-un castron de 8/8 inch uns și tapetat într-o tigaie pătrată care poate fi utilizată în cuptorul cu microunde și se pune la microunde la temperatură medie timp de 8 minute până când este gătit. Se lasa sa se raceasca putin.

Puneți zahărul pudră într-un castron și faceți o adâncitură în centru. Adăugați treptat sucul de lămâie până obțineți o glazură netedă. Se intinde peste prajitura inca calda si se lasa sa se raceasca complet.

Biscuiți cu ciocolată la cuptorul cu microunde

face 24

225 g / 8 oz / 1 cană unt sau margarină, înmuiată

100 g / 4 oz / ½ cană zahăr brun închis

5 ml / 1 lingurita esenta de vanilie (extract)

225 g / 8 uncii / 2 căni de făină auto-crescătoare (cu drojdie)

50 g / 2 oz / ½ cană lapte praf de ciocolată

Bateți untul, zahărul și esența de vanilie până devin ușoare și pufoase. Amestecați treptat făina și ciocolata și bateți până obțineți un aluat omogen. Formați bile de mărimea unei nuci, așezați câte șase pe o foaie de copt unsă pentru cuptorul cu microunde (biscuit) și aplatizați ușor cu o furculiță. Puneți fiecare lot la microunde timp de 2 minute, până când toate prăjiturile sunt gata. Se lasa sa se raceasca pe un gratar.

Biscuiți cu nucă de cocos la cuptorul cu microunde

face 24

50 g / 2 oz / ¼ cană unt sau margarină, moale

75 g / 3 uncii / 1/3 cană zahăr granulat (superfin)

1 ou, batut usor

2,5 ml / ½ linguriță esență de vanilie (extract)

75 g / 3 uncii / ¾ cană făină (universal)

25 g / 1 oz / ¼ cană nucă de cocos deshidratată (răzuită)

Puțină sare

30 ml / 2 linguri dulceata de capsuni (conservatie)

Bateți untul sau margarina și zahărul până devine ușor și pufos. Adaugam oul si esenta de vanilie alternativ cu faina, nuca de cocos si sarea si amestecam intr-un aluat omogen. Formați bile de mărimea unei nuci și puneți câte șase pe o tavă unsă pentru cuptorul cu microunde (prăjituri) și apăsați ușor cu o furculiță pentru a se aplatiza ușor. Puneți la microunde la putere maximă timp de 3 minute până când sunt ferme. Transferați pe un grătar și puneți o lingură de dulceață în centrul fiecărui prăjitură. Repetați cu cookie-urile rămase.

Florentine la cuptorul cu microunde

face 12

50 g / 2 oz / ¼ cană unt sau margarină

50 g / 2 oz / ¼ cană zahăr demerara

15 ml / 1 lingură sirop de aur (porumb ușor)

50 g / 2 oz / ¼ cană cireșe glacé (confiate)

75 g / 3 oz / ¾ cană nuci, tocate

25 g / 1 oz / 3 linguri sultane (stafide aurii)

25 g / 1 oz / ¼ cană migdale tăiate felii

30 ml / 2 linguri coaja amestecata tocata (confiata)

25 g / 1 uncie / ¼ cană făină (universal)

100 g / 4 oz / 1 cană ciocolată neagră (semidulce), mărunțită (opțional)

Puneți untul sau margarina, zahărul și siropul la microunde timp de 1 minut până se topesc. Adăugați cireșele, nucile, sultanele și migdalele și adăugați coaja și făina. Puneți lingurițe de amestec, bine distanțate, pe hârtie de copt (cerată) și gătiți câte patru la mare putere timp de 1½ minut per porție. Aplatizați marginile cu un cuțit, lăsați să se răcească pe hârtie timp de 3 minute, apoi transferați pe un grătar pentru a se răci. Repetați cu cookie-urile rămase. Daca doriti, topiti ciocolata intr-un bol timp de 30 de secunde si intindeti-o pe o parte a Florentinilor, apoi lasati sa se intareasca.

Biscuiți cu alune și cireșe la cuptorul cu microunde

face 24

100 g / 4 oz / ½ cană unt sau margarină, înmuiată

100 g / 4 oz / ½ cană zahăr granulat (superfin)

1 ou bătut

175 g / 6 uncii / 1½ cani de făină (universal)

50 g / 2 oz / ½ cană alune măcinate

100 g / 4 oz / ½ cană cireșe confiate (confiate)

Bateți untul sau margarina și zahărul până devine ușor și pufos. Adaugam treptat oul si apoi adaugam faina, alunele si ciresele. Scoateți linguri bine distanțate de cuptorul cu microunde (prăjituri) și puneți la microunde opt biscuiți (prăjituri) la un moment dat, la maxim, timp de aproximativ 2 minute, până se întăresc.

Biscuiți pentru cuptorul cu microunde Sultana

face 24

225 g / 8 uncii / 2 căni de făină (universal)

5 ml / 1 linguriță condimente măcinate (plăcintă cu mere)

175 g / 6 oz / ¾ cană unt sau margarină, moale

100 g / 4 oz / 2/3 cană sultane (stafide aurii)

175 g / 6 oz / ¾ cană zahăr demerara

Se amestecă făina și condimentele amestecate, apoi se amestecă untul sau margarina, sultanele și 100 g zahăr pentru a obține un aluat moale. Rulați în două forme de cârnați de aproximativ 18 cm / 7 lungime și rulați în zahărul rămas. Tăiați felii și aranjați câte șase pe o tavă unsă cu unt și puneți la microunde la foc mare timp de 2 minute. Lasam sa se raceasca pe un gratar si repetam cu fursecurile ramase.

Pâine cu banane la microunde

Produce o pâine de 450 g/1 lb

75 g / 3 oz / 1/3 cană unt sau margarină, moale

175 g / 6 oz / ¾ cană zahăr granulat (superfin)

2 oua, batute usor

200 g / 7 uncii / 1¾ cani de făină (universal)

10 ml / 2 linguri praf de copt

2,5 ml / ½ linguriță bicarbonat de sodiu (bicarbonat de sodiu)

Puțină sare

2 banane coapte

15 ml/1 lingura suc de lamaie

60 ml / 4 linguri de lapte

50 g / 2 oz / ½ cană nuci, tocate

Bateți untul sau margarina și zahărul până devine ușor și pufos. Bateți ouăle puțin câte puțin și apoi adăugați făina, praful de copt, bicarbonatul de sodiu și sarea. Se zdrobesc bananele cu sucul de lamaie si se adauga in amestecul cu laptele si nucile. Transferați într-o tavă unsă și făinată de 450 g/1 lb și puneți la microunde la foc mare timp de 12 minute. Scoatem din cuptor, acoperim cu folie si lasam sa se raceasca 10 minute, apoi dam la cuptor sa se raceasca.

Pâine cu brânză la microunde

Produce o pâine de 450 g/1 lb

50 g / 2 oz / ¼ cană unt sau margarină

250 ml / 8 fl oz / 1 cană lapte

2 oua, batute usor

225 g / 8 uncii / 2 căni de făină (universal)

10 ml / 2 linguri praf de copt

10 ml / 2 lingurițe pudră de muștar

2,5 ml / ½ linguriță sare

175 g / 6 oz / 1½ cană brânză cheddar, rasă

Topiți untul sau margarina într-un castron mic la mare putere timp de 1 minut. Adăugați laptele și ouăle. Se amestecă făina, praful de copt, muștarul, sarea și 100 g / 4 oz / 1 cană de brânză. Se amestecă amestecul de lapte până se omogenizează. Transferați într-o formă de tort englezească (tavă) și puneți la microunde la foc mare timp de 9 minute. Se presara cu branza ramasa, se acopera cu folie si se lasa sa stea 20 de minute.

Pâine cu nuci la microunde

Produce o pâine de 450 g/1 lb

225 g / 8 uncii / 2 căni de făină (universal)

300 g / 10 uncii / 1¼ cană zahăr granulat (superfin)

5 ml/1 lingurita praf de copt

Puțină sare

100 g / 4 oz / ½ cană unt sau margarină, înmuiată

150 ml / ¼ pt / 2/3 cană lapte

2,5 ml / ½ linguriță esență de vanilie (extract)

4 albusuri

50 g / 2 oz / ½ cană nuci, tocate

Se amestecă făina, zahărul, drojdia şi sarea. Se adauga untul sau margarina, apoi laptele si esenta de vanilie. Adaugam albusurile de zapada si adaugam nucile. Transferați într-o tavă unsă şi făinată de 450 g/1 lb şi puneți la microunde la foc mare timp de 12 minute. Scoatem din cuptor, acoperim cu folie si lasam sa se raceasca 10 minute, apoi dam la cuptor sa se raceasca.

Tort Amaretti necoapt

Face un tort de 20 cm / 8 cm

100 g / 4 oz / ½ cană unt sau margarină

175 g / 6 uncii / 1½ cani ciocolata neagra (semidulce).

Biscuiți Amaretti 75 g / 3 oz (biscuiți), măcinați grosier

175 g / 6 oz / 1½ cană nuci, tocate

50 g / 2 oz / ½ cană nuci de pin

75 g / 3 oz / 1/3 cană cireșe confiate (confiate), tocate

30 ml / 2 linguri Grand Marnier

225 g / 8 oz / 1 cană brânză Mascarpone

Topiți untul sau margarina și ciocolata într-un castron rezistent la căldură pus peste o tigaie cu apă clocotită. Se ia de pe foc si se adauga fursecurile, nuca si cirese. Se toarnă într-o formă de sandviș (tavă) tapetată cu folie de plastic (folia cu clips) și se apasă ușor. Se da la frigider pentru 1 ora pana se intareste. Transferați într-un bol de servire și îndepărtați folia de plastic. Bateți Grand Marnier în mascarpone și puneți-l pe fund.

Fâşii de orez crocant american

Randament aproximativ 24 bar

50 g / 2 oz / ¼ cană unt sau margarină

225 g bezele albe

5 ml / 1 lingurita esenta de vanilie (extract)

150 g / 5 oz / 5 căni de cereale de orez umflat

Topiţi untul sau margarina într-o cratiţă mare la foc mic. Adaugati bezele si gatiti, amestecand continuu, pana cand marshmallow-urile se topesc si amestecul este siropos. Se ia de pe foc si se adauga esenta de vanilie. Se amestecă cerealele de orez până când sunt acoperite uniform. Presaţi într-o tavă pătrată de 23 cm / 9 şi tăiaţi fâşii. Să fie definit.

pătrate de caise

face 12

50 g / 2 oz / ¼ cană unt sau margarină

175 g / 6 oz / 1 cutie mică de lapte evaporat

15 ml / 1 lingura miere limpede

45 ml / 3 linguri suc de mere

50 g / 2 oz / ¼ cană zahăr brun moale

50 g / 2 oz / 1/3 cană sultane (stafide aurii)

225 g / 8 oz / 11/3 cani caise uscate gata de consumat, tocate

100 g / 4 oz / 1 cană nucă de cocos deshidratată (răzuită)

225 g / 8 uncii / 2 căni de fulgi de ovăz

Topiți untul sau margarina cu laptele, mierea, sucul de mere și zahărul. Adăugați ingredientele rămase. Apăsați pe o tavă de copt (tava de copt) într-o formă unsă de 25 cm/12 și dați la frigider înainte de a tăia pătrate.

Tort elvețian cu caise

Face un tort de 23 cm / 9 cm

400 g / 14 oz / 1 cutie mare jumătăți de caise, scurse și sucul rezervat

50 g / 2 oz / ½ cană pudră de cremă

75 g / 3 oz / ¼ cană gem de caise (conservă transparentă)

75 g / 3 oz / ½ cană caise uscate gata de consumat, tocate

400 g / 14 oz / 1 cutie mare de lapte condensat

225 g / 8 oz / 1 cană brânză de vaci

45 ml / 3 linguri suc de lamaie

1 rulou elvețian, feliat

Faceți suc de caise cu apă pentru a obține 500 ml / 17 fl oz / 2¼ căni. Se amestecă smântâna praf într-o pastă cu o parte din lichid și se aduce restul la fierbere. Adăugați pasta de cremă și dulceața de caise și gătiți până când devine groasă și lucioasă, amestecând continuu. Caisele conservate se fac piure și se adaugă la amestecul cu caisele uscate. Se lasa sa se raceasca, amestecand din cand in cand.

Bateți laptele condensat, brânza de vaci și sucul de lămâie până se amestecă bine și adăugați în gelatină. Tapetați o tavă de tort de 23 cm/9 inchi (foaie de copt) cu folie de plastic (folie cu clips) și aranjați feliile de rulou elvețian (jeleu) peste fundul și părțile laterale ale tăvii. Adăugați amestecul de prăjitură și puneți la frigider până când este gata. Desfaceți ușor când este gata de servire.

Prajituri de biscuiti sparte

face 12

100 g / 4 oz / ½ cană unt sau margarină

30 ml / 2 linguri zahăr granulat (superfin)

15 ml / 1 lingură sirop de aur (porumb ușor)

30 ml / 2 linguri pudra de cacao (ciocolata neindulcita)

225 g / 8 oz / 2 cesti Biscuit Crumbs (biscuit)

50 g / 2 oz / 1/3 cană sultane (stafide aurii)

Topiți untul sau margarina cu zahărul și siropul fără a lăsa să fiarbă. Adăugați cacao, fursecuri și stafidele. Transferați într-o tavă unsă de 25 cm/10, lăsați să se răcească și dați la frigider până se întăresc. Tăiați în pătrate.

Tort cu zară necoaptă

Face un tort de 23 cm / 9 cm

30 ml / 2 linguri smântână pudră

100 g / 4 oz / ½ cană zahăr granulat (superfin)

450 ml / ¾ pt / 2 cesti lapte

175 ml / 6 fl oz / ¾ cană lapte de unt

25 g / 1 oz / 2 linguri unt sau margarină

400 g / 12 oz biscuiți simpli (biscuiți), zdrobiți

120 ml / 4 fl oz / ½ cană smântână proaspătă

Bateți smântâna praf și zahărul într-o pastă cu puțin lapte. Aduceți laptele rămas la fiert. Se amestecă pastele, se pune tot amestecul înapoi în tigaie și se pune la foc mic aproximativ 5 minute până se îngroașă. Adăugați zara și untul sau margarina. Întindeți straturi de prăjituri zdrobite și amestecul de smântână într-o formă de tort de 9 inci (tavă de copt) tapetată cu folie de plastic (folia cu clips) sau pe o tavă de sticlă. Apăsați ușor și dați la frigider până se întărește. Bateți frișca până se întărește și puneți rozetele de cremă pe tort. Serviți din farfurie sau ridicați ușor pentru a servi.

felie de castane

Face o pâine de 900 g/2 lb

225 g / 8 uncii / 2 căni de ciocolată neagră (semidulce)

100 g / 4 oz / ½ cană unt sau margarină, înmuiată

100 g / 4 oz / ½ cană zahăr granulat (superfin)

450 g / 1 lb / 1 cutie mare de piure de castane neindulcite

25 g / 1 oz / ¼ cană făină de orez

Câteva picături de esență de vanilie (extract)

150 ml / ¼ pt / 2/3 cană frișcă, frișcă

ciocolata rasa pentru a decora

Topiți ciocolata neagră într-un castron rezistent la căldură peste o tigaie cu apă clocotită. Bateți untul sau margarina și zahărul până devine ușor și pufos. Se adauga piureul de castane, ciocolata, faina de orez si esenta de vanilie. Se transformă într-o tavă unsă și tapetată cu unt de 900 g/2 lb (tavă de copt) și se dă la frigider până se întărește. Se orneaza cu frisca si ciocolata rasa inainte de servire.

Biscuit cu castane

Face o prăjitură de 900 g/2 lb

Pentru tort:

400 g / 14 oz / 1 cutie mare de piure de castane îndulcite

100 g / 4 oz / ½ cană unt sau margarină, înmuiată

1 ou

Câteva picături de esență de vanilie (extract)

30 ml / 2 linguri coniac

24 de biscuiți (biscuiți)

Pentru glazura:

30 ml / 2 linguri pudra de cacao (ciocolata neindulcita)

15 ml / 1 lingura zahar granulat (superfin)

30 ml / 2 linguri de apă

Pentru crema de unt:

100 g / 4 oz / ½ cană unt sau margarină, înmuiată

100 g / 4 oz / 2/3 cană zahăr de cofetarie, cernut

15 ml / 1 lingura esenta de cafea (extract)

Pentru tort se bate piureul de castane, untul sau margarina, oul, extractul de vanilie si 15 ml/1 lingura de coniac si se bate pana se omogenizeaza. Se unge și se tapetează o tavă de 900 g/2 lb (tavă de copt) și se tapetează fundul și părțile laterale cu degetele de burete. Presărați restul de coniac peste fursecuri și puneți amestecul de castane în mijloc. Se da la rece până se întăreşte.

Scoateți din tavă și îndepărtați hârtia de căptușeală. Dizolvați ingredientele pentru topping într-un castron rezistent la căldură peste o tigaie cu apă clocotită și amestecați până se omogenizează. Lasam sa se raceasca putin si intindem cea mai mare parte a glazura peste tort. Bateți ingredientele pentru cremă de unt până la omogenizare, apoi răsuciți în jurul marginii prăjiturii. Stropiți cu oja rezervată pentru a termina.

Batoane de ciocolată și migdale

face 12

175 g / 6 uncii / 1½ cani ciocolata neagra (semidulce), tocata

3 ouă, separate

120 ml / 4 fl oz / ½ cană lapte

10 ml / 2 lingurițe pudră de gelatină

120 ml / 4 fl oz / ½ cană smântână dublă (grea)

45 ml / 3 linguri zahăr granulat (superfin)

60 ml / 4 linguri fulgi de migdale (tocate), prajite

Topiți ciocolata într-un castron termorezistent peste o tigaie cu apă clocotită. Se ia de pe foc si se adauga galbenusurile. Fierbeți laptele într-o tigaie separată și adăugați gelatina. Adaugam amestecul de ciocolata si adaugam smantana. Albusurile se bat spuma, apoi se adauga zaharul si se bat din nou pana sunt tari si lucioase. Îndoiți amestecul. Se toarnă într-o tavă de 450g unsă și tapetată (tava de copt), se presară migdalele prăjite și se lasă să se răcească, apoi se dă la frigider pentru cel puțin 3 ore până se întăresc. Se rastoarna si se taie in felii groase pentru a servi.

Tort crocant de ciocolata

Produce o pâine de 450 g/1 lb

150 g / 5 oz / 2/3 cană unt sau margarină
30 ml / 2 linguri de sirop de aur (porumb ușor)

175 g / 6 oz / 1½ cană firimituri de biscuiți digestivi (Graham Cracker)

50 g / 2 uncii / 2 căni de cereale de orez umflat

25 g / 1 oz / 3 linguri sultane (stafide aurii)

25 g / 1 oz / 2 linguri cireșe confiate (confiate), tocate

225 g / 8 oz / 2 căni chipsuri de ciocolată

30 ml / 2 linguri de apă

175 g / 6 oz / 1 cană zahăr de cofetarie (pudra), cernut

Se topesc 100 g unt sau margarina cu siropul, se ia de pe foc si se adauga pesmetul de biscuiti, cerealele, stafidele, visinele si trei sferturi din chipsurile de ciocolata. Se toarnă într-o tavă de 450 g unsă și tapetată (tavă de copt) și se netezește suprafața. Se da la rece până se întărește. Topiți untul sau margarina rămase cu ciocolata și apa rămase. Adăugați zahărul pudră și amestecați până se omogenizează. Scoateți tortul din formă și tăiați-l în jumătate pe lungime. Sandwich cu jumatate din glazura de ciocolata (glazura), asezati pe un platou de servire si turnati peste el restul de glazura. Dati la frigider inainte de servire.

Patratele de pesmet de ciocolata

Face aproximativ 24

225 g biscuiți digestivi (biscuiți Graham)

100 g / 4 oz / ½ cană unt sau margarină

25 g / 1 oz / 2 linguri zahăr granulat (superfin)

15 ml / 1 lingură sirop de aur (porumb ușor)

45 ml / 3 linguri pudra de cacao (ciocolata neindulcita)

200 g / 7 oz / 1¾ cani glazura de tort de ciocolata

Pune fursecurile intr-o punga de plastic si framanta-le cu un sucitor. Topiți untul sau margarina într-o tigaie și adăugați zahărul și siropul. Se ia de pe foc si se adauga pesmetul si cacao. Se transformă într-o formă de tort de 18 cm/7 tapetată cu uns și se presează uniform. Se lasă să se răcească și se dă la frigider până se întărește.

Topiți ciocolata într-un castron termorezistent peste o tigaie cu apă clocotită. Întindeți peste prăjitură și trageți linii cu o furculiță pe măsură ce setați. Tăiați în pătrate când sunt fermi.

Tort cu inghetata de ciocolata

Face o prăjitură de 450 g/1 lb

100 g / 4 oz / ½ cană zahăr brun moale

100 g / 4 oz / ½ cană unt sau margarină

50 g / 2 oz / ½ cană lapte praf de ciocolată

25 g / 1 oz / ¼ cană pudră de cacao (ciocolată neîndulcită)

30 ml / 2 linguri de sirop de aur (porumb ușor)

150 g (5 oz) biscuiți digestivi (biscuiți Graham) sau biscuiți bogati în ceai

50 g / 2 oz / ¼ cană glazură de cireșe (confiate) sau amestec de nucă-stafide

100 g / 4 oz / 1 cană ciocolată cu lapte

Intr-o tigaie se pune zaharul, untul sau margarina, se bea ciocolata, cacao si siropul si se incinge usor pana se topeste untul, amestecand bine. Luați de pe foc și prăbușiți în fursecuri. Se amestecă cireșele sau nucile și stafidele și se pun într-o tavă de 450 g/1 lb. Se lasa sa se raceasca in frigider.

Topiți ciocolata într-un castron termorezistent peste o tigaie cu apă clocotită. Se intinde peste prajitura racita si se taie felii.

Prajitura cu ciocolata si fructe

Face un tort de 18 cm / 7 cm

100 g / 4 oz / ½ cană unt topit sau margarină

100 g / 4 oz / ½ cană zahăr brun moale

225 g / 8 oz / 2 căni firimituri de biscuiți digestivi (biscuiți Graham)

50 g / 2 oz / 1/3 cană sultane (stafide aurii)

45 ml / 3 linguri pudra de cacao (ciocolata neindulcita)

1 ou bătut

Câteva picături de esență de vanilie (extract)

Se amestecă untul sau margarina și zahărul, se adaugă ingredientele rămase și se bat bine. Transferați într-o tavă pentru sandvișuri de 18 cm/7 unsă (tavă de copt) și neteziți suprafața. Se da la rece până se întărește.

Patrate de ciocolata si ghimbir

face 24

100 g / 4 oz / ½ cană unt sau margarină

100 g / 4 oz / ½ cană zahăr brun moale

30 ml / 2 linguri pudra de cacao (ciocolata neindulcita)

1 ou, batut usor

225 g / 8 oz / 2 căni pesmet de turtă dulce (cookie)

15 ml/1 lingura ghimbir confiat (cristalizat), tocat marunt

Topiți untul sau margarina şi adăugați zahărul şi cacao până se amestecă bine. Se amestecă oul, firimiturile de biscuiți şi ghimbirul. Apăsați într-o formă de rulou elvețian (forma pentru jeleu) şi dați la frigider până se întăreşte. Tăiați în pătrate.

Patrate de lux de ciocolata si ghimbir

face 24

100 g / 4 oz / ½ cană unt sau margarină

100 g / 4 oz / ½ cană zahăr brun moale

30 ml / 2 linguri pudra de cacao (ciocolata neindulcita)

1 ou, batut usor

225 g / 8 oz / 2 căni pesmet de turtă dulce (cookie)

15 ml/1 lingura ghimbir confiat (cristalizat), tocat marunt

100 g / 4 oz / 1 cană ciocolată neagră (semidulce)

Topiți untul sau margarina și adăugați zahărul și cacao până se amestecă bine. Se amestecă oul, firimiturile de biscuiți și ghimbirul. Apăsați într-o formă de rulou elvețian (forma pentru jeleu) și dați la frigider până se întărește.

>Topiți ciocolata într-un castron termorezistent peste o tigaie cu apă clocotită. Se intinde peste prajitura si se lasa sa se fixeze. Tăiați în pătrate când ciocolata este aproape tare.

Biscuiti cu miere de ciocolata

face 12

225 g / 8 oz / 1 cană unt sau margarină

30 ml / 2 linguri miere limpede

90 ml / 6 linguri pudră de roșcove sau cacao (ciocolată neîndulcită)

225 g / 8 oz / 2 căni firimituri de biscuiți dulci (biscuiți)

Topiți untul sau margarina, mierea și roșcovele sau pudra de cacao într-o cratiță până se combină bine. Amestecați firimiturile de biscuiți. Se transferă într-o tavă pătrată de 20 cm/8, unsă cu o lingură, se lasă să se răcească și se taie pătrate.

Tort cu straturi de ciocolata

Face o prăjitură de 450 g/1 lb

300 ml / ½ pt / 1¼ cani frisca (grea)

225 g / 8 oz / 2 căni de ciocolată neagră (semidulce), ruptă

5 ml / 1 lingurita esenta de vanilie (extract)

20 de fursecuri simple (biscuiti)

Se incinge crema intr-o tigaie la foc mic pana aproape da in clocot. Se ia de pe foc si se adauga ciocolata, se amesteca, se acopera si se lasa sa stea 5 minute. Se adauga esenta de vanilie si se amesteca bine, apoi se da la frigider pana cand amestecul incepe sa se ingroase.

Tapetați o formă de pâine de 450 g (tavă de copt) cu folie de plastic (folia de agrafă). Întindeți un strat de ciocolată pe fund și puneți niște fursecuri într-un strat deasupra. Continuați să întindeți ciocolata și prăjiturile până când acestea dispar. Terminați cu un strat de ciocolată. Se acopera cu folie alimentara si se da la frigider pentru cel putin 3 ore. Desfaceți tortul și îndepărtați folia alimentară.

batoane bune de ciocolata

face 12

100 g / 4 oz / ½ cană unt sau margarină

30 ml / 2 linguri de sirop de aur (porumb ușor)

30 ml / 2 linguri pudra de cacao (ciocolata neindulcita)

Pachet de 225 g / 8 oz / 1 Biscuiți unici sau obișnuiți (biscuiți), abia învinețiți

100 g / 4 oz / 1 cană ciocolată neagră (semidulce), tocată

Topiți untul sau margarina și siropul, luați de pe foc și adăugați cacao și prăjiturile mărunțite. Întindeți amestecul într-o formă pătrată de 23 cm/9 și nivelați suprafața. Topiți ciocolata într-un castron termorezistent peste o tigaie cu apă clocotită și întindeți-o peste ea. Se lasa sa se raceasca putin, se taie in batoane sau patrate si se da la frigider pana se intareste.

Praline de ciocolată

face 12

100 g / 4 oz / ½ cană unt sau margarină

30 ml / 2 linguri zahăr granulat (superfin)

15 ml / 1 lingură sirop de aur (porumb ușor)

15 ml / 1 lingură pudră de băutură de ciocolată

225 g Biscuiti Digestivi (Biscuiti Graham), macinati

200 g / 7 uncii / 1¾ cani ciocolata neagra (semidulce)

100 g / 4 oz / 1 cană nuci amestecate tocate

Topiți untul sau margarina, zahărul, siropul și băutura de ciocolată într-o tigaie. Aduceți la fierbere și gătiți timp de 40 de secunde. Se ia de pe foc si se adauga fursecurile si nucile. Presă într-o formă de tort unsă de 28 x 18 cm / 11 x 7. Topiți ciocolata într-un castron termorezistent peste o tigaie cu apă clocotită. Împărțiți peste fursecuri și lăsați să se răcească, apoi dați la frigider timp de 2 ore înainte de a le tăia în pătrate.

Crocante de nucă de cocos

face 12

100 g / 4 oz / 1 cană ciocolată neagră (semidulce)

30 ml / 2 linguri de lapte

30 ml / 2 linguri de sirop de aur (porumb ușor)

100 g / 4 uncii / 4 căni de cereale de orez umflat

50 g / 2 oz / ½ cană nucă de cocos deshidratată (răzuită)

Topiți ciocolata, laptele și siropul într-o tigaie. Se ia de pe foc si se adauga fulgii de porumb si nuca de cocos. Se toarna in forme de prajitura de hartie (hartie de cupcake) si se lasa sa se intareasca.

Batoane crunch

face 12

175 g / 6 oz / ¾ cană unt sau margarină

50 g / 2 oz / ¼ cană zahăr brun moale

30 ml / 2 linguri de sirop de aur (porumb ușor)

45 ml / 3 linguri pudra de cacao (ciocolata neindulcita)

75 g / 3 oz / ½ cană stafide sau sultane (stafide aurii)

350 g / 12 oz / 3 căni de cereale crocante de ovăz

225 g / 8 uncii / 2 căni de ciocolată neagră (semidulce)

Topiți untul sau margarina cu zahărul, siropul și cacao. Adăugați stafidele sau sultanele și cerealele. Presă amestecul într-o tavă unsă de 25 cm/12 pe o tavă de copt (tavă de copt). Topiți ciocolata într-un castron termorezistent peste o tigaie cu apă clocotită. Se întinde în batoane și se lasă să se răcească, apoi se dă la frigider înainte de a le tăia în batoane.

Crunch cu nucă de cocos și stafide

face 12

100 g / 4 oz / 1 cană ciocolată albă

30 ml / 2 linguri de lapte

30 ml / 2 linguri de sirop de aur (porumb ușor)

175 g / 6 uncii / 6 căni de cereale de orez umflat

50 g / 2 oz / 1/3 cană stafide

Topiți ciocolata, laptele și siropul într-o tigaie. Se ia de pe foc si se adauga boabele si stafidele. Se toarna in forme de prajitura de hartie (hartie de cupcake) si se lasa sa se intareasca.

Cuburi de cafea cu lapte

Sunt 20

25 g / 1 oz / 2 linguri pudră de gelatină

75 ml / 5 linguri apă rece

225 g / 8 uncii / 2 căni firimituri obișnuite de biscuiți (biscuiți)

50 g / 2 oz / ¼ cană unt topit sau margarină

400 g / 14 oz / 1 cutie mare de lapte evaporat

150 g / 5 oz / 2/3 cană zahăr granulat (superfin)

400 ml / 14 fl oz / 1¾ cesti cafea neagra tare, rece ca gheata

Frisca si felii de portocale confiate (confiate) pentru garnitura

Presărați gelatină peste apă într-un bol și lăsați-o să fie spongioasă. Pune vasul într-o tigaie cu apă fierbinte și lasă-l să se dizolve. Se lasa sa se raceasca putin. Se amestecă firimiturile de biscuiți cu untul topit și se presează în fundul și părțile laterale a unei forme dreptunghiulare de 30 x 20 cm / 12 x 8. Bateți laptele evaporat până se îngroașă și adăugați treptat zahărul, urmat de gelatina dizolvată și cafea. Se întinde pe bază și se dă la frigider până se întărește. Se taie patrate si se decoreaza cu frisca si felii de portocale confiate (confiate).

Tort cu fructe necoapte

Face un tort de 23 cm / 9 cm

450 g / 1 lb / 22/3 cani amestec de fructe uscate (amestec de prajitura cu fructe)

450 g/1 lb biscuiți simpli (biscuiți), zdrobiți

100 g / 4 oz / ½ cană unt topit sau margarină

100 g / 4 oz / ½ cană zahăr brun moale

400 g / 14 oz / 1 cutie mare de lapte condensat

5 ml / 1 lingurita esenta de vanilie (extract)

Se amestecă toate ingredientele până se omogenizează bine. Transferați într-o tavă unsă de 23 cm / 9 cu o lingură (tavă de copt) tapetată cu folie de plastic (folia de plastic) și apăsați în jos. Se da la rece până se întărește.

Pătrate cu fructe

Face aproximativ 12

100 g / 4 oz / ½ cană unt sau margarină

100 g / 4 oz / ½ cană zahăr brun moale

400 g / 14 oz / 1 cutie mare de lapte condensat

5 ml / 1 lingurita esenta de vanilie (extract)

250 g / 9 oz / 1½ cani amestec de fructe uscate (amestec de prajitura cu fructe)

100 g / 4 oz / ½ cană cireșe confiate (confiate)

50 g / 2 oz / ½ cană nuci amestecate tocate

400 g / 14 oz biscuiți simpli (biscuiți), zdrobiți

Topiți untul sau margarina și zahărul la foc mic. Se adauga laptele condensat si esenta de vanilie si se ia de pe foc. Se amestecă ingredientele rămase. Presă într-o tavă elvețiană unsă cu unsoare (tavă cu gelatină) și dă-l la frigider timp de 24 de ore până se întărește. Tăiați în pătrate.

Fructele și fibrele trosnesc

face 12

100 g / 4 oz / 1 cană ciocolată neagră (semidulce)

50 g / 2 oz / ¼ cană unt sau margarină

15 ml / 1 lingură sirop de aur (porumb ușor)

100 g / 4 oz / 1 cană cereale cu fructe și fibre

Topiți ciocolata într-un castron termorezistent peste o tigaie cu apă clocotită. Adăugați untul sau margarina și siropul. Adăugați boabele. Se toarna in forme de prajitura de hartie (hartie pentru cupcake) si se lasa sa se raceasca si sa se intareasca.

Tort cu strat de nougat

Face o prăjitură de 900 g/2 lb

15 g / ½ oz / 1 lingură pudră de gelatină

100 ml / 3½ fl oz / 6½ linguri de apă

1 pachet de bureți fleac

225 g / 8 oz / 1 cană unt sau margarină, înmuiată

50 g / 2 oz / ¼ cană zahăr granulat (superfin)

400 g / 14 oz / 1 cutie mare de lapte condensat

5 ml/1 lingurita suc de lamaie

5 ml / 1 lingurita esenta de vanilie (extract)

5 ml/1 lingurita crema de tartru

100 g / 4 oz / 2/3 cană amestec de fructe uscate (amestec de prăjitură cu fructe), tocate

Presărați gelatina peste apă într-un castron mic și puneți vasul într-o tigaie cu apă fierbinte până când gelatina devine limpede. Se lasa sa se raceasca putin. Tapetați o tavă de 900 g/2 lb (tavă de copt) cu folie de aluminiu, astfel încât folia să acopere partea de sus a tavii, apoi puneți jumătate din bureții de prăjitură pe fund. Bateți untul sau margarina și zahărul până devine cremos și apoi adăugați toate celelalte ingrediente. Turnați în tigaie și aranjați deasupra bureții rămași. Acoperiți cu folie de aluminiu și puneți o greutate pe ea. Se da la rece până se întărește.

Patratele de lapte si nucsoara

Sunt 20

Pentru baza:

225 g / 8 uncii / 2 căni firimituri obișnuite de biscuiți (biscuiți)

30 ml / 2 linguri zahăr brun moale

2,5 ml / ½ linguriță nucșoară rasă

100 g / 4 oz / ½ cană unt topit sau margarină

Pentru umplutura:

1,2 litri / 2 puncte / 5 căni de lapte

25 g / 1 oz / 2 linguri unt sau margarină

2 ouă separate

225 g / 8 uncii / 1 cană zahăr granulat (superfin)

100 g / 4 oz / 1 cană făină de porumb (amidon de porumb)

50 g / 2 oz / ½ cană făină (universal)

5 ml/1 lingurita praf de copt

Un praf de nucsoara rasa

Nucșoară rasă pentru stropire

Pentru bază, amestecați pesmetul de biscuiți, zahărul și nucșoara în untul sau margarina topit și presați în baza unei forme de tort unsă de 30 x 20 cm / 12 x 8 cm.

Pentru umplutură, aduceți la fiert 1 litru / 1¾ puncte / 4¼ cani de lapte într-o cratiță mare. Adăugați untul sau margarina. Bateți gălbenușurile cu laptele rămas. Se amestecă zahărul, amidonul de porumb, făina, drojdia și nucșoara. Bateți puțin din laptele clocotit în amestecul de gălbenușuri de ou până se formează o pastă, apoi amestecați pasta cu laptele clocotit, amestecând continuu la foc mic câteva minute până se îngroașă. Se ia de pe foc. Bateți albușurile spumă până se întăresc și apoi adăugați-le în amestec. Se intinde pe baza si se presara generos cu nucsoara. Se lasa sa se raceasca, se da la frigider si se taie in patrate inainte de servire.

crunch de granola

Face aproximativ 16 pătrate

400 g / 14 uncii / 3½ căni de ciocolată neagră (semidulce)

45 ml / 3 linguri sirop de aur (porumb ușor)

25 g / 1 oz / 2 linguri unt sau margarină

Aproximativ 225 g / 8 oz / 2/3 cană granola

Topiți jumătate din ciocolată, siropul și untul sau margarina. Adăugați treptat suficient musli pentru a obține un amestec tare. Apăsați într-o tavă de rulouri elvețiană unsă (forma pentru rulouri de jeleu). Topiți restul de ciocolată și neteziți-o. Se răcește înainte de a le tăia în pătrate.

Pătrate de mousse de portocale

Sunt 20

25 g / 1 oz / 2 linguri pudră de gelatină

75 ml / 5 linguri apă rece

225 g / 8 uncii / 2 căni firimituri obișnuite de biscuiți (biscuiți)

50 g / 2 oz / ¼ cană unt topit sau margarină

400 g / 14 oz / 1 cutie mare de lapte evaporat

150 g / 5 oz / 2/3 cană zahăr granulat (superfin)

400 ml / 14 fl oz / 1¾ cani suc de portocale

Frisca si bomboane de ciocolata pentru decorare

Presărați gelatină peste apă într-un bol și lăsați-o să fie spongioasă. Pune vasul într-o tigaie cu apă fierbinte și lasă-l să se dizolve. Se lasa sa se raceasca putin. Se amestecă firimiturile de biscuiți în untul topit și se presează pe baza și părțile laterale ale unei forme de tort unsă de 30 x 20 cm/12 x 8. Bateți laptele până se îngroașă și adăugați treptat zahărul, urmat de gelatina dizolvată și sucul de portocale. Se întinde pe bază și se dă la frigider până se întărește. Se taie patrate si se decoreaza cu frisca si bomboane de ciocolata.

pătrate de arahide

acum 18 ani

225 g / 8 uncii / 2 căni firimituri obișnuite de biscuiți (biscuiți)

100 g / 4 oz / ½ cană unt topit sau margarina

225 g / 8 oz / 1 cană unt de arahide crocant

25 g / 1 uncie / 2 linguri cireșe confiate (confiate)

25 g / 1 oz / 3 linguri coacăze negre

Se amestecă toate ingredientele până se omogenizează bine. Presă într-o tavă unsă de 25 cm/12 pe o foaie de copt (tavă de copt) și se răcește până se întărește, apoi se taie în pătrate.

Prajituri cu caramel cu menta

face 16

400 g / 14 oz / 1 cutie mare de lapte condensat

600 ml / 1 pt / 2½ căni de lapte

30 ml / 2 linguri smântână pudră

225 g / 8 oz / 2 căni firimituri de biscuiți digestivi (biscuiți Graham)

100 g / 4 oz / 1 cană ciocolată cu mentă, ruptă în bucăți

Puneți recipientul închis de lapte condensat într-o cratiță cu suficientă apă pentru a acoperi recipientul. Aduceți la fierbere, acoperiți și gătiți timp de 3 ore, adăugând apă clocotită dacă este necesar. Se lasa sa se raceasca, se deschide cutia si se scoate caramelul.

Se încălzesc 500 ml / 17 fl oz / 2¼ căni de lapte cu caramel, se aduce la fierbere și se amestecă până se topește. Se amestecă smântâna praf până se formează o pastă cu laptele rămas, se amestecă în tigaie și se continuă gătitul până se îngroașă, amestecând continuu. Peste fundul unei forme unse de 20 cm / 8 pătrate 20 cm / 8 se presară jumătate din firimituri de biscuiți, deasupra se așează jumătate din crema de caramel și se presară jumătate din ciocolată. Repetați straturile și lăsați să se răcească. Se răcește și apoi se taie în porții pentru a servi.

Biscuiți de orez

face 24

175 g / 6 oz / ½ cană miere limpede

225 g / 8 oz / 1 cană zahăr granulat

60 ml / 4 linguri de apă

350 g / 12 oz / 1 cutie de cereale de orez umflat

100 g / 4 oz / 1 cană alune prăjite

Topiți mierea, zahărul și apa într-o cratiță mare și lăsați să se răcească timp de 5 minute. Adăugați boabele și alunele. Se rulează în bile, se pun în forme de hârtie de prăjitură (hartie pentru cupcake) și se lasă să se răcească și să se întărească.

Toffette de orez și ciocolată

Produce 225 g / 8 oz

50 g / 2 oz / ¼ cană unt sau margarină

30 ml / 2 linguri de sirop de aur (porumb ușor)

30 ml / 2 linguri pudra de cacao (ciocolata neindulcita)

60 ml / 4 linguri zahăr granulat (superfin)

50 g / 2 uncii / ½ cană de orez albit

Topiți untul și siropul. Adaugam cacao si zaharul pana se dizolva si adaugam pudra de orez. Se aduce la fierbere ușor, apoi se reduce focul și se fierbe la foc mic timp de 5 minute, amestecând continuu. Se toarnă într-o tavă pătrată de 20 cm / 8 (tavă de copt) unsă și tapetată și se lasă să se răcească puțin. Tăiați pătrate și lăsați să se răcească complet înainte de a le scoate din tavă.

pasta de migdale

Acoperă partea superioară şi laterală a unui tort de 23 cm / 9 cm

225 g / 8 oz / 2 cesti migdale macinate

225 g / 8 uncii / 11/3 căni de zahăr pudră (cofetarii), cernut

225 g / 8 uncii / 1 cană zahăr granulat (superfin)

2 oua, batute usor

10 ml / 2 linguriţe suc de lămâie

Câteva picături de esenţă de migdale (extract)

Bateţi migdalele şi zaharurile. Amestecaţi treptat ingredientele rămase până obţineţi o pastă netedă. Înfăşuraţi în folie de plastic (folia de plastic) şi puneţi la frigider înainte de utilizare.

Pasta de migdale fara zahar

Acoperă partea superioară și laterală a unui tort de 15 cm / 6 cm

100 g / 4 oz / 1 cană migdale măcinate

50 g / 2 oz / ½ cană fructoză

25 g / 1 oz / ¼ cană făină de porumb (amidon de porumb)

1 ou, batut usor

Amestecă toate ingredientele până obții o pastă netedă. Înfășurați în folie de plastic (folia de plastic) și puneți la frigider înainte de utilizare.

glazură regală

Acoperă partea superioară și laterală a unui tort de 20 cm/8 cm

5 ml/1 lingurita suc de lamaie

2 albusuri

450 g / 1 lb / 22/3 cani de zahăr pudră, cernut

5 ml / 1 lingurita de glicerina (optional)

Se amestecă sucul de lămâie și albușurile, apoi se bate treptat zahărul pudră până când glazura devine netedă și albă și îmbracă dosul unei linguri. Câteva picături de glicerină asigură că învelișul nu devine prea sfărâmicios. Acoperiți cu o cârpă umedă și lăsați să stea timp de 20 de minute pentru a permite bulelor de aer să se ridice la suprafață.

O crustă de această consistență poate fi turnată peste prăjitură și netezită cu un cuțit înmuiat în apă fierbinte. Pentru țevi, adăugați zahăr pudră suplimentar, astfel încât glazura să fie suficient de fermă pentru a se întinde în vârfuri.

glazura fara zahar

Suficient pentru un tort de 15 cm/6 cm

50 g / 2 oz / ½ cană fructoză

Puțină sare

1 albuș de ou

2,5 ml / ½ linguriță suc de lămâie

Amestecați pudra de fructoză într-un robot de bucătărie până devine la fel de fină ca zahărul pudră. Amestecați sarea. Transferați într-un bol termorezistent și adăugați albușul de ou și sucul de lămâie. Așezați vasul peste o tigaie cu apă fierbinte ușor și continuați să bateți până se formează vârfuri tari. Se ia de pe foc si se bate pana se raceste.

glazura de fondant

Suficient pentru a acoperi un tort de 20 cm/8 cm

450 g / 1 lb / 2 cesti turnata (superfin) sau zahar prajit

150 ml / ¼ pt / 2/3 cană apă

15 ml / 1 lingură glucoză lichidă sau 2,5 ml / ½ linguriță cremă de tartru

Se dizolvă zahărul în apă într-o cratiță mare și grea la foc mic. Curățați părțile laterale ale tigaii cu o perie înmuiată în apă rece pentru a preveni formarea de cristale. Dizolvam crema de tartru in putina apa si amestecam in tigaie. Aduceți la fierbere și gătiți continuu până la 115°C / 242°F, când o picătură de glazură formează o minge moale când este aruncată în apă rece. Turnați încet siropul într-un vas termorezistent și lăsați-l să stea până formează o coajă. Bateți glazura cu o lingură de lemn până devine opaca și fermă. Se framanta pana se omogenizeaza. Se încălzește într-un castron termorezistent peste o tigaie cu apă fierbinte pentru a se înmuia înainte de utilizare, dacă este necesar.

Acoperire cu unt

Poate umple și acoperi un tort de 20 cm/8 cm

100 g / 4 oz / ½ cană unt sau margarină, înmuiată

225 g / 8 uncii / 11/3 căni de zahăr pudră (cofetarii), cernut

30 ml / 2 linguri de lapte

Bateți untul sau margarina până la omogenizare. Se amestecă treptat zahărul pudră și laptele până se omogenizează bine.

Înveliș de ciocolată pentru produse de patiserie

Poate umple și acoperi un tort de 20 cm/8 cm

30 ml / 2 linguri pudra de cacao (ciocolata neindulcita)

15 ml / 1 lingură apă clocotită

100 g / 4 oz / ½ cană unt sau margarină, înmuiată

225 g / 8 uncii / 11/3 căni de zahăr pudră (cofetarii), cernut

15 ml/1 lingura de lapte

Se amestecă cacao într-o pastă cu apa clocotită și se lasă să se răcească. Bateți untul sau margarina până la omogenizare. Se amestecă treptat zahărul pudră, laptele și amestecul de cacao până se omogenizează.

Topping cu unt de ciocolată albă

Poate umple și acoperi un tort de 20 cm/8 cm

100 g / 4 oz / 1 cană ciocolată albă

100 g / 4 oz / ½ cană unt sau margarină, înmuiată

225 g / 8 uncii / 11/3 căni de zahăr pudră (cofetarii), cernut

15 ml/1 lingura de lapte

Topiți ciocolata într-un castron termorezistent peste o tigaie cu apă clocotită și lăsați să se răcească puțin. Bateți untul sau margarina până la omogenizare. Adaugam treptat zaharul pudra, laptele si ciocolata pana obtinem un amestec omogen.

Capac cu unt de cafea

Poate umple și acoperi un tort de 20 cm/8 cm

100 g / 4 oz / ½ cană unt sau margarină, înmuiată

225 g / 8 uncii / 11/3 căni de zahăr pudră (cofetarii), cernut

15 ml/1 lingura de lapte

15 ml / 1 lingura esenta de cafea (extract)

Bateți untul sau margarina până la omogenizare. Adaugam treptat zaharul pudra, laptele si esenta de cafea pana se formeaza un amestec omogen.

www.ingramcontent.com/pod-product-compliance
Lightning Source LLC
Chambersburg PA
CBHW050152130526
44591CB00033B/1260